建武中興と楠木正成の真実

山下弘枝

青林堂

はじめに

本年は建武《けんむ》の中興から丁度、六百九十年という節目の年となる。

建武中興とは「国體《こくたい》の中興し」という大偉業であった。しかし、戦後のＧＨＱ占領政策により、「建武の中興」は「建武の新政」と改められた。その為、戦後の歴史教育もメディアの発信も全て「建武の新政」で統一され、「建武の中興」という言葉は消し去られて久しい。しかし、後醍醐天皇が目指されたこの大偉業の正しい名称は「建武の中興」である。では何故、建武中興という言葉が消し去られねばならなかったのか。それは「中興」という言葉が「国體の中興し」であることを表しているからである。ＧＨＱは日本の特攻精神の根源に日本の国體を見、日本民族の凄まじいまでの精神の強靱《きょうじん》さの根源として、日本の国體を見た。ＧＨＱは日本の国體を大いに恐れ、二度と日本が欧米に立ち向かってこられぬよう、占領政策によって日本の国體を封印したのだった。かくして、建武の中興の真実は消し去られ、その第一の立て役者であり、日本を代表する忠臣にして軍神である楠木正成の名も忘れ去られていった。

そんな昨今にあり、保守と呼ばれる層に於いては、建武の中興の第一の立て役者たる楠木正成は「日本随一の忠臣」として高く評価されている。一方で、楠木正成の出自に関する悪党説や後醍醐天皇愚君説は保守層内でもある程度、支持されているのが現状である。「正成悪党説」は、正成の名を挙げる書物は数多くあるものの、その中の僅か一つの文書に正成を「悪党」と表記されているという非常に短絡的な理由が何故か通説かのように戦後に広められ現在に至り定着してしまっている。後醍醐天皇の評価に至っては、天皇自らが鎌倉幕府倒幕の調伏《ちょうふく》や配流《はいる》先からの脱出、吉野への遷幸等、鎌倉幕府倒幕によって民を安寧に導くという理想を掲げ、天皇自ら行動をされた事を以て、戦後は「野心に満ちた異形《いぎょう》の王権」という評価をされるに至った。また、湊川《みなとがわ》の戦い直前での楠木正成による必勝策の献言を退け、みすみす正成を死地に追いやったことも、後醍醐天皇の評価を二分する論拠となっている。しかし、「正成悪党説」も「後醍醐天皇暗君説」も、戦後の歪曲《わいきょく》された歴史観によって都市伝説化したものばかりで、真を得たものはほぼ無い。

戦後に構築された「歴史観」なるものは、戦後の歴史学会が第一級史料とみなした現存する当時の書物上の記録のみによって創られた。戦後、『古事記』をして偽書などと評するのは、その最たる典型例である。

日本人の民族性の大きな特徴の一つが「正直」である。日本民族の性質が「正直」であるのは、古代日本人が「言霊《ことだま》」を信じていたからに他ならない。言霊信仰の国だからこそ、日本では口伝が成立し得た。更にいえば、本朝開闢《かいびゃく》以来長い歴史の中で継承されてきた口伝・伝承程、信用に足るものは無いといってよい。

しかし、戦後の歴史観によって、各地の神社や寺院、郷土や家々で伝えられた伝承や口伝は悉《ことごと》く歴史学者によって否定され、消し去られていこうとしている。

楠木正成の事蹟について正しく評価する為には、正成が仕えた後醍醐天皇の真の事蹟について知らねばならない。

本書の目的は、建武中興を主軸として、戦後の史料第一主義の歴史観によって封印されようとしている寺社や郷土、各家々に伝わる伝承や口伝に焦点を当て、この伝承・口伝を掘り起こすことにより、真実の歴史を後世に残すことにある。

私自身、約五年に亘って、楠公ゆかりの地の寺社・郷土によって伝えられた「生きた歴史」を取材するという活動を行ってきた。この書では、これまでの歴史書では著されることのなかった「郷土に根付いた歴史」に焦点を当て、建武の中興と楠木正成の実像に迫った。

尚、本書での両統迭立《りょうとうてつりつ》時の年号は、南朝の年号を採用して著した旨、ご承知おき頂きたい。

目次

第二章　楠木正成は「悪党」ではない　41

第一章

楠木正成と彼らが目指した建武中興を知らずして「国體」は語れない

大楠公像（皇居外苑）

一　戦後の占領政策によって歴史から封印された楠木正成

皇居外苑に聳《そび》える騎馬武者の銅像の存在を知る現代日本人はどれ程いるだろうか。日本国の象徴である天皇がお住まいになる皇居前に銅像が存在するということは、つまりその銅像の主もまた、日本の象徴的人物ということになるのだが、不思議な程に、現代日本人の中で、この銅像の存在を知る人は少ない。

その武将の名は「楠木正成」。

鎌倉時代末期、第九十六代後醍醐天皇に味方し鎌倉幕府を倒すのに大きな役割を果たした武将だ。戦前は天皇、及び皇室を支えその危機を助けた忠臣として「軍神」とまで称賛された。それ程までに老若男女問わず全ての日本人から深く敬愛されたのには大きな理由がある。それは、単に後醍醐天皇の味方をしたというだけでは当然ながら収まらない。後醍醐天皇の目指した、世にいう「建武の中興」の理念こそが、日本という国の本来の形に立ち返ることであり、当時の武家の中で、日本の国の形を心底から理解し得ていた人物こそが楠木正成だった。だからこそ、彼は後醍醐天皇に与《くみ》し、命を懸けて天皇の親政を助けたのである。つまり、楠木正成についてその真実を知ることこそが、日本という「国の形」、つまり、国體を知る最も重要な要素となるのだ。

現代日本は鎌倉時代末期と同じく、日本の国の形を知る人が非常に少ないというのが現状である。そんな状況であるから、当然ながら楠木正成も知らないし、皇居前に彼の銅像が建っていることすらも知らない。

龍造寺八幡宮摂社・楠神社（佐賀県佐賀市白山）

二　楠木正成は日本一のヒーローだった

戦前の日本に於いて、楠木正成を知らない日本人は皆無であった。実際、戦前の子供達は「尊敬する人物は誰か？」と尋ねられると、皆口を揃えて「楠木正成」と答えたというから、その人気ぶりは推して知るべしである。

また、戦前の小学校では、現在でいう「道徳」にあたる「修身」という授業があり、この科目ではまず何よりも始めに正成の忠義の生き様が教えられたし、当時の尋常小学校の唱歌では、落合直文作詞の『青葉茂れる桜井の』（又は『桜井の訣別』とも呼ばれる）が必ず歌われ、子供達は手毬唄《てまり》として普通に唄っていた程、メジャーな歌であった。今では、戦前の教育を受けられたご高齢の方を除き、この歌を知る人はほとんどいないであろう。

楠木正成は知らずとも、吉田松陰や坂本竜馬、西郷隆盛や伊藤博文を始めとする、主だった幕末維新の志士達であれば、戦後史観にまみれた現代人でもよく知っているという人がほとんどだろう。これもまた戦後の歪曲された歴史教育の為せる業《わざ》というべき非常に不可思議な現象だが、実は、日本人にお馴染みの幕末維新の志士達は皆、楠木正成の厚い崇敬者だったと知れば、現代日本人のほとんどが非常に驚くはずだ。特に、松下村塾を構えて維新の立て役者達を数多く輩出した吉田松陰に至っては、兵庫県神戸市にある正成の墓所に、その二十九年という短い生涯のうち四度も参拝しているというから、その崇敬ぶりが相当なものであったのは言うまでもない。また、江戸初期から楠公崇敬の気運の高かった佐賀藩では、江戸初期の佐賀藩士・深江信溪らが製作した「楠公父子桜井の訣別像」を御神体とした楠公祭が行われて、幕末には、藩校弘道館教授・枝吉神陽が発起人となり、大隈重信・副島種臣・江藤新平・島義勇《よしたけ》らが中心となって龍造寺八幡宮（現・佐賀県佐賀市白山）

内に「楠公義祭同盟」を結成し、王政復古への道筋を牽引《けんいん》している。

正成の墓碑の建つ地とは、彼が戦死した湊川の戦いの終焉《しゅうえん》地で、明治五年に明治天皇の御沙汰によって日本初の別格官幣社として湊川神社が鎮座し、その後、湊川神社の真正面に旧国鉄神戸駅が設けられた。現在のＪＲ神戸駅である。現在でも当然ながらＪＲ神戸駅から徒歩僅か二〜三分程度で正成の墓所に辿り着けるのだが、現代では正成の墓所はおろか湊川神社の存在すら知らないという人も多いというから驚きである。その一因として、戦後に神戸駅から湊川神社までの本来参道にあたる場所に建てられた飲食店ビル群の存在もあるかもしれない。元々は、湊川神社を真正面に見据えて神戸駅が設けられたのだが、大東亜戦争末期の神戸大空襲によって神社周辺は悉く焼野原となり、戦後の復興時に、現在のビル群が参道であった道のど真ん中に建設された。その為、神戸駅から見通そうとしても湊川神社は飲食店ビル群に隠れて見えない。一方で、明治元年創業という歴史を有し、長らく湊川神社の撤饌《てっせん》を供してこられた湊川神社門前の「菊水總本店」が閉業してしまったことは誠に残念なことである。

靖国神社遊就館（東京都千代田区九段北）

三　GHQが最も恐れたのは万世一系の皇統、そして日本精神の要であった楠木正成

大東亜戦争は、米軍による日本の民間に対する無差別且つ大規模空襲、更には広島・長崎と二度に亘る原子爆弾投下といういずれも非戦闘員の大量虐殺を受け、日本側が無条件降伏という形でポツダム宣言を受諾、終結した。間もなく、進駐軍が焼土と化した日本にやって来た。マッカーサーがその封印に全力を賭さねばならぬ程に恐れたものこそが楠公精神である。GHQが楠公精神を封印した最大の理由は、大東亜戦争終盤にかけて日本軍が敢行した「特攻作

戦」にある。特攻作戦の中でも海軍特別攻撃隊「神風」は特に米軍を震えあがらせた。それは「ＫＡＭＩＫＡＺＥ」と英語化された程、米軍に大きな恐怖感を植え付けた。米兵の中には、今でいうＰＴＳＤに陥り精神を病んだ者も頻発した。米兵にとって、自身の乗る戦闘機に爆弾を載せたまま、何らの躊躇《ちゅうちょ》無く敵艦に突っ込んでくる日本兵の精神構造は全く理解不能のものであり、狂気とすら感じ、その狂気を「大和魂」として大いに恐れたのだった。しかし、大和魂とは狂気などではなく、古来、日本人のＤＮＡに宿る民族の魂そのものであり、その魂とは日本開闢以来、我々の父祖によって連綿と受け継がれてきた国體に深く根差したものであったことを、じきにＧＨＱも認識することとなる。日本軍の強靭なる精神性の根源が日本の国體であったと理解したＧＨＱは、戦後の占領政策に於いて、日本人の強靭な精神性を破壊し、恐怖に値せぬものとするべく、国體の破壊の為の様々な施策を日本に課していく。そんな中で、国體に基づく精神性の淵源に楠公精神があることを痛感し、まずはこれを徹底的に排除、封印していった。当然ながら、学校の教科書から楠公の忠義の事蹟が消されたのは、戦後のＧＨＱ支配によるものであるのは言うまでもない。

かくして、戦後七十八年が経過した現在、約三世代の世代交代が為される程の年月を経て、楠木正成の真実の事蹟を知る日本人は少なくなっていき、楠公精神は日本人から忘れ去られていった。

四　楠木氏のルーツは第三十代敏達天皇まで遡る名門だった

戦後にGHQが布《し》いた日本人弱体化の為の占領政策により、「歴史観」なる言葉が横行し、歴史学者らは先人が連綿と繋いできた国史を「皇国史観」などとこぞってこき下ろした。当然ながら、歴史とは過去の事実であり、観念ではないので、「歴史観」などという言葉は支離滅裂な造語である。その戦後の歴史観に基づいた昨今の歴史学会の学者らによって『古事記』『日本書紀』は偽書とされ、仁徳天皇陵は御陵内に立ち入っての調査ができないことを理由に「仁徳天皇の御陵とは証明できない」などとし、今や教科書から「仁徳天皇陵」という表記が消されてしまう有様である。そんな中、各郷士や各家々に伝わる伝承や口伝もまた悉く歴史学者によって否定され封印されていった。各家々に伝わる家系図についても同じ憂き目に遭ったのは言うまでもない。そんな中、楠木氏が敏達《びだつ》天皇にまで遡る奈良時代の左大臣・橘諸兄《もろえ》が始祖であるということも否定されることとなる。理由として、楠木氏の複数の系図上での正成の父の名が異なるという点が挙げられている。しかし、当時、一人で複数の名を持つのは至極一般的なことであったので、系図によって名が違うというだけでその氏姓を全否定するのは無理がある。少なくとも戦前までは、楠木氏は橘氏の系譜にあたるという認識であり、誰もが疑わざる真実であった。にもかかわらず、昨今では、正成の優れた知略と人徳や楠木一族の忠節の評価はどこへやら、それよりも「彼の出自は実は散所という賤民の長者だった」などという戦前であれば荒唐無稽としか言いようの無い学説で楠公に関する研究分野が大いに盛り上がっているのは誠に嘆かわしい限りである。挙句の果てに、正成が後醍醐天皇に見出され笠置に参陣する以前、既に従六位下兵衛尉という官位に就いていたことをして「当時は金で官位を買う者が多かったので正成も金で官位を買ったに違いない」などと、空想に近い推論を以てそれが真実かのように断定されていたりする。

最近の学説では、楠木氏は河内の豪族ではなく、足利尊氏や新田義貞と同じく鎌倉幕府の御家人だったとする「楠木氏駿河被官説」が楠木氏出自論争の主軸となっている。その論拠となったのが、『吾妻鏡』の建久元年（一一九〇）十一月七日の条の記事で、同日に入洛した源頼朝の後陣随兵として「楠木四郎」という御家人の名が記録されているものである。更に、「楠木」の苗字の根拠地として駿河国入江荘楠木（現・静岡県静岡市清水区楠）の地名が取り沙汰され、楠木氏は河内の豪族ではなく、元々は幕府の御家人であったのが、ある時、幕府に反目し、河内へ本拠地を移したという説が現在では定着しているようだ。これまでの正成の忠臣像は、他の南朝の忠臣らと一線を画していた。建武中興以降に更に朝廷を裏切ってしまった足利尊氏や赤松円心などは論外として、新田義貞や結城宗広などほとんどの建武中興に功績のあった忠臣らは、元々、御家人として幕府方に与していたものが、後醍醐天皇から綸旨《りんじ》を授けられたことにより、又は、千早城の戦いでの幕府の体たらくを目の当たりにし、もはや幕府に分は無いと見限り、主君である幕府から寝返って朝廷側についた武家らである。対して、唯一、当初の自身の所属する組織を裏切ったということなく、どこの組織を裏切ることも無いままに、天皇方で忠誠を尽くした武将は正成だけであった。明治の王政復古後に明治政府によって崇敬された南朝の忠臣は数あれど、正成だけが特に聖人視された理由の一つである。その意味では、正成が元々御家人の出身であり、幕府から離反して後醍醐天皇の元へ馳せ参じたということが含む意義を、楠公顕彰の観点に於いては本来問題視すべき点であることを踏まえて、楠木氏出自論争を語らねばならない。とはいえ、楠木氏を「悪党」と定義付ける戦後の学説よりは、楠木氏御家人説の方がまだマシであるのは間違いない。

いずれにせよ、古典『太平記』の中で「敏達天皇の五代孫・橘諸兄の後胤」とはっきりと記述されているので、楠木氏が橘氏の末裔であることに関しては、それ以上の議論は必要ないであろう。

五　楠木氏の家紋「菊水」、そして「橘紋」

橘氏の末裔である楠木氏の棟梁として、楠木正成は永仁二年（一二九四）四月二十五日、河内水分《みくまり》の楠木館で生まれた。現在の楠公生誕地より数百メートル南方の桐山地区から楠公産湯の井戸が残る地一帯に、広大な屋敷を構えていたと思われる。発掘調査に照らせば、当主の居住した館周囲には二重の堀が巡らされ、中世の武士の館としてはかなりの規模であったことが推測される。また、楠木館跡からは当時としては貴重な白磁器も見つかっており、かなりの財力も有していたことが判っている。これ程の勢力を誇った楠木家が悪党であったとか、ましてや、山賊の頭のようなものであった等ということは有り得ないのは、楠公生誕地の遺構について理解すれば一目瞭然である。

楠木正成の父は、河内の一大豪族であった楠木兵衛尉正遠《まさとお》である。幼名は多聞丸。正成の母が、信貴山へ子授けの百日詣に出向き、満願成就となる百日目に夢の中に信貴山の本尊・毘沙門天が現れ、胎内に入るという夢を見た。その後、間もなく懐

信貴山朝護孫子寺（奈良県平群町）

妊・男子が生誕したので、この子は毘沙門天の申し子であるとし、毘沙門天の別名である多聞天の名を貰い受け、この男子に多聞丸と名付けた。これが後の楠木正成である。

楠木家の家紋は、元来、橘紋である。建武中興を成し遂げられた折、後醍醐天皇から楠木正成に対して菊の御紋の使用のお許しが下ったが、皇室の御紋をそのまま使用させて頂くのは畏れ多く思った正成が、菊の御紋の上半分のみを有難く戴き、下半分を水紋とした紋を「非理法権天《けんてん》」の旗印と共に使用した。この紋が菊水紋である。水紋は楠木氏の氏神である建水分《たけみくまり》神社の御神徳を仰いで使用したものである。楠木氏ゆかりの神社の神紋としてはもちろんだが、楠木氏の地元の学校の校章としても菊水紋はよく使用されており、南河内では非常に馴染み深い紋である。最近では、日章旗や旭日旗と共に右翼を名乗る団体やその街宣車が菊水紋を使用していることがある為に、世間一般の方々に与えるイメージが芳しくないこともあるようだが、本来は天皇への忠節の証である尊い紋であると同時に、南河内の地元の人々から慕われてきた紋であり、断じて右翼なる団体使用の恐い紋などでは有り得ない。

六　楠木正成は毘沙門天の申し子だった

正成以降、嫡男は代々、幼名として「多聞丸」と名付けられた。正成の母は、河内玉串荘の出身で、楠木氏と同族の敏達天皇末裔・橘遠保《とおやす》からの血筋にあたる橘盛仲の娘で、これまた名門の出身であった。玉串荘は信貴山の山麓である現在の東大阪市にあたる。正成の生母は自身の生家の近くの信貴山を日頃より崇敬していたのであろう。正成の父・正遠

菊水紋

との間になかなか子が出来なかった為、正成の母は信貴山に百日詣をした。百日目の満願成就の日、正成の母は信貴山の本尊・毘沙門天の霊夢を見、それから間もなく身籠った。生まれた子は男子であったので、正遠は大層喜んだ。そして、この子は毘沙門天の申し子であるとして、毘沙門天の別名・多聞天に因み、この男子を「多聞丸」と名付けた。この事蹟のゆかりから、朝《ちょう》護《ご》孫《そん》子《し》寺の霊宝館には楠木正成の兜が現存している。

七　神徳で国家を治める天皇と、武力や権力で国家を治める外国の皇帝・王との決定的な違い

日本の天皇とは、他国の皇帝や王と違い、誠に寛容でいらっしゃる。

実は、ここにも日本の国體の真髄がある。支那はもとより西欧の皇帝や王家のうち、日本の皇統を超えて長く続いた皇帝・王家は存在しない。ましてや、天皇というご存在が一つの男系血統によって継承されてきたとなれば尚更、他国に類を見ぬ

ものである。四千年の歴史とする支那の最もメジャーな民族である漢民族とて、その歴史は絶えず、異民族との戦いの歴史であったし、万里の長城も異民族の侵攻を阻害する為に建造されたものである。実際、五胡十六国時代・元王朝・清王朝など、漢民族の王朝は異民族によって滅ぼされ、国土を乗っ取られている。支那にしろ西欧にしろ、国と国とが陸続きである為、他国の侵攻を受け易い。そこで、高い城壁を築き、多くの兵を配備して、絶えず敵の襲来に備えねばならなかった。諸侯や領民と雖《いえど》もいつ寝返って襲ってくるかも判らなかったので、武力と権力と富を以て他の諸侯や民衆を抑えつけることにより国を治めたのが、支那や西欧といった国々の皇帝・王家である。フランスのヴェルサイユ宮殿やイギリスのバッキンガム宮殿、ドイツのノイシュバンシュタイン城、支那の紫禁城等、いずれもこの世の贅を尽くしたものばかりで、富こそが権力の象徴であったことを示している。日本に於ける将軍も似たようなもので、一番近いものだと徳川将軍家の二条城二の丸御殿等は将軍の威容を顕示するべく豪奢な建造物となっている。他藩の城も将軍家程ではないにしろ、それなりに贅を尽くし、敵からの襲撃に備えて堀を幾重にも施した。

さて、一方で天皇のお住まいになられる御所には、高い塀も豪華絢爛《けんらん》な装飾品も無い。天皇とは神そのものであり、だからこそ、威容を見せつけ驕《おご》り高ぶる必要はなかったからである。つまり、他国の皇帝・王家は武力によって国を治める覇王であり、天皇とは神と一体となることによって神徳を以て国を治める帝王であるという点で両者は決定的に異なっている。国のトップとして君臨し続けるのに武力を必要としなかった日本の天皇というご存在は他国の人々には理解不能であると同時に、そのような稀有のご存在でいらっしゃる天皇を仰ぎ、世界最長の国家でもある日本に対し、羨望の念を持つのは至極当然のことであろう。徳川家康が自身を祀らせた日光東照宮の豪奢さに比べ、皇祖神をお祀りする伊勢神宮の簡素さは、まるで対極にある。簡素でありながら、そこに秘める尊さと連綿と継承されてきた歴史・伝統・血統の重厚さは圧倒的だ。神そのものである天皇にとって、武力も威容の顕示も全く必要では無かったので、他国のような強権政治を行うことも無かったし、神《しん》裔《えい》たる民を我が子として慈しまれ、寛容であられた。日本人は皆、八百万神の神裔であるが、中でもその中心となる皇祖神・天照大神と一体でいらっしゃる天皇は、日本人全ての父たるご存在であり、国父と仰がれる所以である。日本民族の寛容さは、日本の国體によって培われたものであり、他国には類を見ぬ民族性である。

八　「七生報国」とその真髄にある国體護持の精神

恩智神社（大阪府八尾市恩智中町）

楠木正成の弟には、湊川の戦いで正成と刺し違えて自刃した楠木正季《まさすえ》がいる。正季はかの「七生報国」なる言葉を生み出した人である。湊川の戦いの最後、兄・正成と刺し違えて自刃する間際に、正季は正成にこう語った。

「七生までも只同人界同所に託生して、遂に朝敵を我手に懸て亡さばやとこそ候へ」

　この正季の最期の言葉が、後の「七生報国」の原典である。

　正成の守役は楠木家の筆頭家老であった恩智左近太郎満一《みつかず》が務めた。恩智家は現在の大阪府八尾市恩智中町に鎮座する恩智《おんじ》神社の神官を代々務める家系である。恩智神社は、一説によると、古代、丹後国一の宮・籠《この》神社の奥宮・真名井神社に鎮座していた豊受大神が伊勢神宮の外宮へ遷座される際、その途上の奉斎地となったことから、外宮の元伊勢ともいうべき神社でもあり、嘗《かつ》ては河内国二の宮として重んじられたとされる。このような経緯から、左近も伊勢信仰の厚い人であったことは容易に推測される。そんな左近が正成に、日本という国の起源とその国體について教えつつ、元伊勢の神官としてのあらゆる知識を以て養育にあたったに違いない。

　源平合戦以降、朝廷から政は武家の手に移ったが、当時の武家のうち上流の武家を除きほとんどは日本国の起源にも国體にも全く無知であった。それもそのはずで、当時、日本最古の史書『古事記』をまともに読める者はごく限られた公家や神官のみであったから、日本の国の創始など知るよしもなかった訳だ。『古事記』は現代では現代語訳なども書店に並び、その内容もよく知られているが、当時の『古事記』は、漢字の音を活用した変体漢文という日本独自の漢字表記によって書かれている為、読解が非常に困難であった。この特殊な文体で書かれた『古事記』を広く人々にも読解可能にした注釈書『古事記伝』が寛政二年（一七九〇）に、本居宣長が著し刊行を始めるまでは、一般の人々はもちろんどの武家も『古事記』に著されている日本の創始を知ることができなかった。和銅五年（七一二）に国内向けに編纂《へんさん》された『古事記』に対し、養老四年（七二〇）に成立した『日本書紀』は海外向けに編纂された歴史書で、漢文で著されているので、まだ『日本書紀』の方が読解し得た。とはいえ、中世では判本の技術も無く、写本としてしか書物を入手できなかった時代であったので、『日本書紀』と雖も、多くの人がその内容を知り得るには程遠かったといえる。そんな時代であったから、神国日本という我が国の国體を知り得る武家が少なかったのは致し方なかった。日本の国の創始を知らず、国體についてをも無知であったからこそ、鎌倉という時代は、二度も上皇、天皇を流罪に処するなどという天皇を徹底的に蔑《ないがし》ろにすることができ、当時の世間の人々も此くも有り得ない幕府の行いを問題視することもなかった。このような時代背景にあって、正成が国體を熟知できていたのは、ひとえに恩智左近による教育の賜物であったといっても過言ではない。如何に教育が大切であるかが問われる事蹟である。

九　武士道のルーツ「楠木流兵法」

多聞丸は六歳から十二歳まで、檜尾山観心寺《ひのおざんかんしんじ》の住職・龍覚坊のもとで、四書五経はもとより礼儀作法等、武家の棟梁として相応しい教育を施された。多聞丸の学問所として観心寺中院が伝わっている。この中院に於いて、龍覚坊から厳しく教えられたのは「四恩の教え」についてであった。四恩の教えとは、父母への恩・天皇への恩・衆生への恩・三宝への恩の四つの恩を重んじよという教えである。三宝とは、仏・仏の説いた法・その法を授ける僧侶のことである。幼少期の多聞丸は、恩智左近からは神の教えを、龍覚坊からは仏の教えを受けて育ったのだった。

十二歳から十七歳までは河内国加賀田の武将で兵法家としても知られていた大江

観心寺中院（大阪府河内長野市寺元）

時親《ときちか》に師事する。多聞丸は、時親の祖である大江匡房《まさふさ》以来一子相伝とされた兵法『闘《とう》戦経《せんきょう》』の教えを授けられた。一般的に兵法といえば『孫子』や『呉子』が知られている。当然ながら、多聞丸も『孫子』『呉子』は武家の子としての基本的知識として修めていた節が、後の戦いぶりから窺われる。正成の戦法に於ける藁《わら》人形戦法は『三国志』で知られる諸葛亮の戦法に酷似しており、『孫子』『呉子』といった支那の兵法書のみならず、支那の様々な書物も学び熟知していた形跡がある。そして、更に特筆すべきが、少年・多聞丸が大江時親から授けられた『闘戦経』の存在である。『孫子』が支那に於ける異民族に対抗すべく編み出された「殺す兵法」であるのに対し、『闘戦経』は「生かす兵法」として対比される。『闘戦経』は日本の国柄に沿って、平安末期に大江匡房が独自に編み出した日本最古の兵法である。大江家は古代より代々、文章博士《もんじょう》として朝廷に仕えてきた家柄で、匡房は鎌倉幕府初代将軍・源頼朝の祖・源義家の軍学の師を務めたとされており、兵法家の名門である。『闘戦経』は武家の棟梁として修めるべき精神的な心法に重点が置かれているのがその大きな特徴であり、精神面については説かれていない支那の兵法と一線を画す点である。

多聞丸の兵法の師・大江時親は後に安芸国吉田の地頭職を命じられ河内から安芸へ移住し、安芸毛利家の祖となった。毛利氏十二代当主である毛利元就は優れた軍略家として知られているが、その軍略もまた、元就の祖である大江家の兵法に由来するものであることは言うまでもない。毛利家では楠木氏との関わりを自任していたからであろうか、元就の二男・吉川《きっかわ》元春は『太平記』の自筆の写本を残している。

武家の棟梁として、如何なる死生観を養うべきか、如何に生き如何に死すかということを追求する『闘戦経』の教えは、正成の高邁なる死生観の原点となっているのだが、時代が下り、近世になって確立された「武士道」精神の基にもなっている。

正成が『闘戦経』の教えのもとで、知略に富んだ戦法で鎌倉幕府を翻弄し倒幕へと導いた、その巧みな戦術は、後世に亘って様々に研究され、近世には「楠《くすのき》流《りゅう》兵法」として『河陽兵庫之記《かようひょうごのき》』を始めとした多くの日本独自の兵法が派生していった。楠公崇敬の気運が絶えず武家の間に存在した為に、楠流兵法もまた武家の間で大いにもてはやされた。

慶安四年（一六五一）に江戸幕府転覆を謀った慶安事件の首謀者として知られる軍学者・由井正雪もまた楠流兵法の伝授者であった。正雪は元々武家の出身ではなく、染物業を家業とする家の出であったが、当時、江戸で楠流兵法を教えていた正成の末裔で楠木正虎《まさとら》の孫にあたる楠木不伝《ふでん》のもとに入門して兵法を伝授され、正雪自身もまた楠流兵法の道場を開設した。その道場はたちまち評判となり、門弟として大名や旗本の子弟までをも抱える程になったが、門弟の多くは幕府によって改易や取り潰しに処せられた大名家の一族郎党のうち、浪人と化した江戸幕府に恨みを持つ者達であった。江戸開府直後は、幕府は豊臣家の残党勢力を警戒し、関ヶ原の戦い以前に豊臣方であった外様大名に対して様々な因縁をつけては謀叛《むほん》の疑いありとして次々に粛清する武断政治を推進していた。その為、江戸幕府初代将軍・徳川家康から三代将軍・家光の頃まで、世は浪人で溢れていた。そこに目を付けたのが由井正雪であった。正雪は鎌倉幕府を倒幕した楠木の名のもと、江戸幕府倒幕を計画したのだった。これが世に名高い慶安事件である。正雪の幕府転覆計画は事前に、身内の密告によって幕府側に露見し、正雪は自刃、この計画は未遂に終わったが、この事件は江戸幕府に大きな衝撃と恐怖を植え付けることとなった。結果、幕府はこの事件を機に、それまでの強硬な武断政治から文治政治へと方針転換し、浪人の救済政策にも打ち込んでいくこととなる訳だが、江戸幕府にとって何が恐怖であったかといえば、「楠公」の名が多くの人々を惹き付けてやまぬということに尽きる訳である。幕府転覆計画などを目論む者のもとに、こともあろうか、幕府譜代の旗本の子弟まで傾倒していたというのだから、時代を超え身分を超えて人々を魅了してやまぬ楠公の魔力に、江戸幕府も相当に震え上がったことであろう。

十　楠木正成は朝廷とも深いパイプを持つ畿内有数の豪族だった

楠木氏の地元に伝わる伝承によると、正和二年（一三一三）正成が二十歳の時、父・正遠が死去し、楠木家の家督は正成へと継承された。元亨二年（一三二二）、正成が二十九歳の時、河内甘南備《かんなび》の豪族で楠木家の家臣であった南江《みなみえ》備前守正忠《まさただ》の妹・久子との縁談が持ち上がる。南江家は楠木家に比べ、家格が余りに違い過ぎるとのことで南江家自体から一旦、縁談の辞退の意向が伝えられたが、一族の和田家の取り成しによって、楠木家と南江家の婚儀が整った。婚姻時、正成は二十九歳、久子は十九歳で、当時としては若干遅い結婚であったようだ。

正成の妻として河内甘南備荘の豪族・南江正忠の妹・久子が一般的に知られるが、実はもう一人、後醍醐天皇の側近として知られる公卿・万里小路《までのこうじ》藤房《ふじふさ》の妹・滋子という妻の名が伝わっている。公家と婚姻関係を結んだのであるから、当然、賤民ということは有り得ぬし、それどころか、朝廷に於いて正成の存在は笠置参陣以前か

大楠公夫人像（筆者所蔵）

ら既知であったとみるのが妥当であろう。それは、楠木氏が河内で掌握していた潤沢な水銀利権を受けてのものであったのかもしれないし、敏達天皇の流れを汲む元皇族・橘氏の後胤という名門の血脈であることを受けてのことかもしれぬ。いずれにせよ、橘氏の後胤とする『太平記』の記述を否定できる程の論説は無く、状況から察すれば『太平記』の表記通り、楠木氏は橘氏の後胤ということで何ら問題無いと思われる。

万里小路藤房といえば、後醍醐天皇による鎌倉幕府倒幕活動である元弘の変勃発の際、天皇の御座所となっていた笠置へ参陣するよう勅使として河内の楠木館に遣わされた人物である。『太平記』の中での正成登場の経緯は後醍醐天皇の「南木の霊夢」によるが、天皇の夢の中に現れた南の木の下の玉座をして即座に「楠木」の名が挙がったのは、かねてより京の近隣である河内に正成という武勇に優れた人物がいるということを朝廷が意識していたからであろう。

先述の通り、楠木正成と南江久子の婚姻年齢は、当時としては若干の晩婚ともいえるが、実はもう一人、万里小路滋子という妻がいたならば、最初の妻が滋子・二番目の妻が久子という可能性もあるのではないだろうか。久子夫人と滋子夫人のどちらが真実というのではなく、いずれも真実という解釈でよい。

第二章

楠木正成は「悪党」ではない

一 「楠木正成悪党説」は戦後の歪曲された自虐史観によって生まれた

戦前の教育を受けた世代とは、現段階で言えば、年齢的には九十歳以上となり、ご存命の方も少なくなっておられるが、それでも辛うじてまだ健在でいらっしゃる方に「今では楠公は悪党と呼ばれていることをご存じですか？」と尋ねると、皆一様に、「信じられない！　悪党なんて聞いたことがない。皆、楠公は立派な忠臣だと思っている」と回答される。これは、私自身が今まで取材をさせて頂いた戦争経験者の方々全てに当てはまることであり、私の実地での取材の結果によるものであり、真実である。敗戦後、日本の強靭なる精神力、所謂《いわゆる》、大和魂の根源として「楠公精神」の存在を知ったアメリカの占領政策の魔の手は、教育現場にまで及び、教科書も授業も全て自虐史観にまみれていった。かくして、戦後世代の日本人達は「戦前の日本は悪だ」と徹底的に教え込まれ洗脳されていき、今に至っている。戦後の占領政策の中で、ＧＨＱは特に、戦前の日本人達が最も尊い軍神として崇め大和魂の中心的支柱であった楠公精神を封印せしむることに躍起になった。その結果、楠木正成は、「河内の悪党と呼ばれる小規模武装集団の頭目だった」等と評され、「軍神」から「悪党」へと貶められた。楠公悪党説は戦後の歴史学者らが言うところの『最新の研究』なる学説によるもので、南北朝期の文書に、楠公と思しき人物が悪党として表記されている、という学説が唱えられたことに端を発している。

「楠公悪党説」の論拠となっているのは『天龍寺文書』（正慶元年（一三三二））の中の「故大宰帥親王家御遺跡臨川寺領等目録」である。その中に、『内大臣僧正道祐、競望申去元三年三月十四日、不慮被下　綸旨之由、承及之間、已仏陀施入之地、非分御綺段、敬申之処　圖廿五日被成　給旨於寺家了　而悪党楠兵衛尉押妨当所之由、依風聞之脱、称彼跡、当国守護御代官、自去年八月之比、今取納年同以下之条、不便之次第也。守護御代官、今当知行、当所領家故親王家 年貢三百石計、領家一円地也、本家仁和寺勝功徳院……』と記録されている。

南朝側から描かれたといわれる『太平記』はもとより、足利側から著された『梅松論』等、楠木正成の名が記録された文書は数あれど、正成を「悪党」と評しているのは、その中のたった一つの書物に過ぎず、それだけを以て、正成を「悪党」と定義するのは余りに杜撰《ずさん》である。特に、元徳三年（一三三一）となれば、正成が後醍醐天皇によって笠置の御所へ召し出された後の記録である。幕府打倒の勅命を受けた正成が、軍備の供出を臨川寺領の若松荘に迫ったが、幕府側についていた臨川寺がこれに反発し「悪党の楠木兵衛尉が押し入ってきた」と幕府へ直訴した時の記録だ。正成が若松荘に押し入ったとされる元徳三年時点に於いて正成側は勅命を受けた官軍であり、臨川寺は勅命に反抗したので賊軍である。歴史の事実を論理立てて考えれば、正成が悪党であったという説が破綻しているのは明らかだ。しかし、戦後の歴史学者らによって矛盾だらけの楠公悪党説が流布され、一部保守層にまで正成悪党説を定着させたことは誠に残念でならない。

戦後の歴史教科書では正成について「河内の悪党」と表記されているものが多いのが現状である。教科書のページの下部の枠外の注釈部分に、小さなフォントで「悪党の『悪』の字は当時は『強い』という意味」等と申し訳程度に書かれているが、ほぼ目に入らない程度の印象の薄さだ。こんな教科書で歴史を学び、楠木正成について知った子供達は、楠木正成とは悪事を働いた人物と捉えかねない。

二　ＮＨＫ大河ドラマ『太平記』は『太平記』とは全く別物

平成三年にＮＨＫ大河ドラマとして放送された『太平記』では、楠木正成役として、まさかの武田鉄矢氏が起用され、従来の忠臣という重厚なイメージがあった正成像とは似ても似つかぬ配役には度肝を抜かされた。ドラマ内でのほとんどの正成は、農村の農夫のような恰好をしていた。妻の久子夫人も終始、農婦の姿だった。一方の足利尊氏役は、当時イケメン俳優として人気絶頂だった真田広之氏で、まるで公達かのような美しい衣装で登場し続けた。正成の堂に入った農夫ぶりは尊氏の上品な武将の出で立ちからすれば凄まじい落差である。更に、ドラマ内では正成のことを「悪党」と呼んでいる場面もある。そして、大河ドラマ『太平記』を観た人々は皆、正成を悪党と認識し、大河ドラマ『太平記』こそが『太平記』であると捉えているのが現状である。

大河ドラマ『太平記』の原作は吉川英治氏が著した小説『私本太平記』である。吉川英治氏はその著書の中で、本来『太平記』は南朝側から著されたものであるのだが、これを北朝側から書いてみたらどうなるかという試みで著したので、小説のタイトルに敢えて「私本」を付けたと説明している。吉川氏自身、『私本太平記』の内容は本来の『太平記』から大きく逸脱したものであることを認識していたのだ。同じく、『太平記』を題材として著された小説に山岡荘八氏の『新太平記』があるが、こちらの方が本来の『太平記』に沿った作品となっている。ＮＨＫは今でこそ国営放送ではないとはいえ、今以て国民から受信料を得て放送事業を行っているのだから、余りに偏向した思想や誤解を招くような内容の放送を流すべきではない。であるにもかかわらず、本来の南朝寄りから著された『太平記』から根本的にずれている北朝側から著された小説『私本太平記』を原作とした物語を、「私本」を取っ払い、『太平記』として放送し全国に流したのは如何なものかと思う。全国的に大きな影響を与えるＮＨＫであるのだから、誤情報を流した場合のその敷衍《ふえん》力はとてつもなく大きなものとなる。だからこそ、誤解を招くような紛らわしい放送を行ってはならない。足利尊氏を主役とし北朝側から描いた大河ドラマ『太平記』のタイトルは、原作通り『私本太平記』とするか、そうでないなら『北朝太平記』又は『足利太平記』とすべきであっただろう。

更に、大河ドラマ『太平記』は、殊、楠木一族の描き方に関しても、原作としている『私本太平記』とは全く違う内容に変えられていた。例えば、正成の妹に関して、『私本太平記』は、その名を「卯木」と仮定し、元々、宮中の女官であったのがある日、妊娠し、そのまま出奔、行方不明になってしまった、としている。正成の妹・卯木の存在を、後の観阿弥の誕生へと結び付ける為の吉川氏オリジナルのフィクションである。ところが、NHK大河ドラマ『太平記』の中に登場する正成の妹は、なんと、田楽舞集団「花夜叉一座」の座長・花夜叉として登場した。原作『私本太平記』にも花夜叉は登場するが、原作の花夜叉は正成の妹とは何の関係もない人物であり、ましてや男性である。更に、大河ドラマ『太平記』の花夜叉は、足利尊氏の盟友で鎌倉幕府の御家人・佐々木高氏（後に出家して道誉）の愛人ともとられかねない描かれ方であった。原作の『私本太平記』の内容ですら既に本来の

『太平記』から根本的に逸脱してしまっているのに、大河ドラマ『太平記』は、『太平記』から大きく逸脱した原作『私本太平記』を更に変更し、古典『太平記』そのままのタイトル『太平記』として放送したのは、大河ドラマ『太平記』の内容が古典『太平記』であると信じてやまぬ人々を欺く行為ではないだろうか。

三　楠木家と観世家との深い繋がり

実際、正成の妹が観世家と関わりがあるのは事実である。上嶋家文書による「観世福田系図」には次の記述がある。

「始の名は観世丸、三郎なり。實父は伊賀國浅宇田領主上嶋慶信入道景守の次男治部左衛門元成の三男、杉内に生る。長谷の猿楽法師に預け入る。後に市太夫家光の養子なり。法名觀阿彌、母は河内國玉櫛庄橘入道正遠の女なり。觀阿彌文中甲寅の歳京に起る。父母の家秘し、鹿苑殿の前に能座を立てり。」

つまり、伊賀国浅宇田の領主であった上嶋慶信入道景守の二男が元成であり、この元成の三男が清次となる。清次とは後の観阿弥のことである。清次は長谷の猿楽法師に預け入れられた。何故、武家の子息である清次が猿楽法師の元に預けられることになったかといえば次のような伝承がある。元成とその妻が、まだ幼かった清次を連れて長谷寺に参詣した際、長谷寺の僧侶から清次を今すぐ春日大社に連れていき御神託を受けるように促された。元成夫婦はすぐ春日大社へ清次を連れていき、神官の神託を仰いだところ、清次を猿楽師の元へ預けるよう御神託が下った。

観阿弥創座の地　旧福田神社趾（三重県名張市上小波田）

現代の神観念が希薄な、唯物的な感覚では、この逸話は俄かに信じ難いものがあるかもしれないが、神仏を身近に感じ、形而上の存在を鋭敏に感じ取ることができた当時の日本人にとって、御神託は何にもまして絶対的なものであり、従うべきものであった。服部家は伊賀の名門の武家であった。当時の婚姻や養子縁組みは、同格の家格同士で交わされるのが通例であったので、上嶋家と服部家の両家に於ける社会的地位は同格であったと思われる。その上で、観阿弥の母は河内国玉櫛荘の楠入道正遠の娘と記されているので、当時の楠木家もまた、上嶋家や服部家と同レベルの家格であったとみてよい。

名門武家である上嶋家の子息が猿楽師になどなるはずがないという近代的歴史観の決め付けのもと、歴史学者らによって観世福田系図に疑義の目が向けられた。また、観世福田系図を裏付ける播磨国の永富家文書もまた散々に学者らによって否定される憂き目に遭った。各家の伝承について、歴史学者らの一方的視点による処の第一級史料に値しないという理由だけで否定し、否定されたことこそが歴史の真実であるかのように学者らが言い立てる風潮が、昨今の歴史学会を席巻している。このような風潮は、日本人の郷土愛を希薄にせしめ、地方の過疎化に拍車をかけており、危機感を禁じ得ない。日本人各々が、それぞれの家系に誇りを持ち、先祖を大切に祀り、自身を育んでくれた父母と郷土を愛することができる世にせねばならない。その為にも、各家々に伝わる伝承や郷土に伝わる口伝等も十分に重んじて歴史を顕彰していく必要があるのだ。

四　後鳥羽上皇の国體中興のご遺志を継承された後醍醐天皇

鎌倉時代後期、幕府では北条得宗家が権勢を振るっていた（得宗専制）。北条一門の知行国が著しく増加する一方で、御家人層では、元寇後も続けられた異国警固番役の負担、元寇の恩賞や訴訟の停滞、貨幣経済の普及、所領分割などによって生活が困窮し、没落する者も増加していった。幕府は徳政令を発して対応するが、社会的混乱から諸国では幕府や荘園領主に反抗する悪党の活動が活発化し、次第に支持を失っていった。

朝廷では十三世紀後半以降、後深草天皇の子孫（持明院統）と亀山天皇の子孫

（大覚寺統）の両血統の天皇が交互に即位する両統迭立が行われていた。だが、公家社会の中に支持皇統による派閥が生じるようになるなど混乱を引き起こし、幕府による朝廷の制御を困難にした。

文保二年（一三一八）、大覚寺統の後醍醐天皇が即位した。後醍醐天皇は後鳥羽上皇の国體中興の理念を継承し、朝廷の神祀りを中心として政を行う祭政一致の復興に努めた。そんな中、元亨二年（一三二二）の春より後醍醐天皇が中宮・西園寺禧子《さちこ》の御産の祈祷と称して、真言律宗・真言密教の僧で、後醍醐天皇の側近でもあった円観と文観らに「関東調伏」の祈祷をさせた。

文観は第六十四代醍醐寺の座主であり、後醍醐天皇は文観を自身の真言密教の師とした。

「御産祈祷」が余りにも長期に亘った為に、実は、中宮の懐妊の事実は虚偽で、実際には「関東調伏」の為の祈祷を行っているのではないか、と幕府の疑惑を招いた。

この時に後醍醐天皇が文観に行わせたという真言密教のうちの秘儀「立川流《たちかわ》」が、

昨今の歴史学者の間で様々に面白おかしく取り上げられがちである。メディア等でも、後醍醐天皇が異様な修法を文観に行わせていたという説が広められ、今ではその説が一般化し、定着してしまっている。後醍醐天皇が「異形の天皇」などとおどろおどろしく野望と野心に満ち溢れた異様な天皇として評されがちな理由の一因は、後醍醐天皇が文観に行わせた「立川流」に対する誤った認識である。昨今定着している立川流のいずれの説も真言密教の僧による正しい情報によるものではない。

私は今般、真言密教のとある僧侶の方から、実際にお教えをいただき、立川流の真実について知ることができた。それは昨今の巷で定着している立川流とは全く違うものであった。後醍醐天皇の崇高なる理念に鑑みれば、ある程度そういう結果になるであろうことはある程度予想していたものの、余りにも現在の定説が真実とかけ離れていることに驚愕した。そして、戦後の「歴史観」なるものが如何に歪曲されたものであるかということを突き付けられることとなった。

五　後醍醐天皇が修めた「立川流」に関する情報は間違いだらけ

「立川流」については真言密教の最奥義を極めた僧侶しか、その真実を知り得ることはない。

以下、「立川流」について真言宗の高僧からお聞きした真実を述べていく。

立川流とは、平安時代中期の左大臣・源俊房の子・仁寛《にんかん》（蓮念《れんねん》）と見蓮によって創始され、平安時代末期から江戸時代中期にかけて存在した日本密教の法流の一つで、真言宗醍醐派三宝院の流れを汲む法流である。弘安四年（一二八一）に恵海が著した『破邪顕正集』や天授元年（一三七五）に宥快が著した『宝鏡鈔』などの影響により、立川流は同時期に流行した残虐なる生贄儀礼や猟奇的な性的儀礼を信奉する名称不明の密教集団「彼《か》の法」集団と混同されるようになり、あらぬ風評被害を被った。その為に立川流の勢力は低下し、江戸中期には消滅した。しかし、真実として、立川流では「彼の法」のような猟奇的にして残忍な性的儀礼は行わない。

真言立川流の本尊とは、素人が迂闊《うかつ》に手を出してはならない神・荼枳尼天《だきにてん》を修する法で、中世以降、密教寺院内でも、高度の修行を修めた者しか扱ってはならない、命の危険を伴う最極秘の法として行われた。荼枳尼天は人の生き血を吸い、肉を喰らう鬼神の奪一切衆生精気《しょうけ》として恐れられると共に、とりわけ、願いがたちどころに成就される「頓成悉地《とんじょうしつじ》」に絶大な威力を発揮する呪術神として信仰された。

頓成悉地による現世利益の呪力は、聖天と双璧をなすものであるが、地上における最高の栄耀栄華を授ける代わりに、悲惨な形で命を奪う暗黒神ともみなされた。荼枳尼天の呪力によって自身の大願を成就しながら、最期は憤死したと伝えられた人物に、平清盛、足利直義などがいる。彼らの最期に照らせば、荼枳尼天がどんな働きをする神と信じられてきたかが明らかである。これ程までに荼枳尼天の祭祀が非常に迂闊に手出しできない神である。荼枳尼法には、世間通常の神祀り祭祀法、印明《いんみょう》を結誦《けっしょう》しながら心内に本尊を迎えて供養・祈願する通常の密教修法、盤法の三種類がある。このうち「最極秘密」の法は盤法だと伝えられるが、実態は長く伏蔵されてきた。盤法とは、陰陽道の式盤「占術盤」を密教が取り込んだもので、聖天や荼枳尼天の盤法が行われており、次第書などが残されている。

立川流を始めとした荼枳尼天の祭祀では、具体的な作法までは不明ながら、修する法によって、天・人・地の三盤を動かし、定められた並び方に揃える。例えば、一切の願望成就を願う頓成悉地法では、天盤の本尊に人盤女子、地盤の米持神を合わせる。息災法では本尊に帝釈使者と護人大神とを合わせ、調伏法では本尊に黒女子と奪魂魄神とを合わせる。また、盤の天地に願いごとを書き付けた護符などを納め、「子・丑寅・寅・子・丑・丑・寅・子」と唱えながら、五色紐式盤を結縛し、修法壇《しゅほうだん》に安置して加持する。

『盤建立最極秘々中書』では、盤に納入する種々の法に応じた呪物などの相応物を挙げているが、注目すべきは、その相応物の一つとして「人骨」が挙げられていることである。盤は人体を象《かたど》っており、木製の盤は骨格を象徴しているので、荼枳尼天の祭祀に最もよく相応するのは人骨であるという説による。一説には、「人骨は天盤と地盤の両盤に入れるべきである。但し、天盤には頂として頭蓋骨又はその頂骨の一部を入れ、地盤には手、又は足の骨を入れるべきである。もし、同じ故人の骨だからといって、天盤に手足の骨を入れ、地盤に頭蓋骨を入れてしまっては、盤の建立は成立しない」とする。

茶枳尼天を祀る行者は、修法にあたって、常の作法通りに心身を浄化して、護身する。ついで、玉女の方位と鬼門の方位を礼拝した上で、式盤を前に種々の印明を結誦し、本尊である茶枳尼天とその眷属《けんぞく》・霊狐とを勧請《かんじょう》して供養し、祈念を凝らす。「頓成悉地法」には、この祭祀に用いる真言陀羅尼と印、及び神祭の為の祭文《さいもん》などが挙げられている。

更に、秘伝として、修法後に、神供《じんく》を野狐に与えるという法がある。茅で沓《くつ》の形の器を編み、中に供物を少しずつとって入れ、狐の出没しそうな場所に置く。翌朝、狐が食べていないようであれば、持ち帰り、その日の夜、神供を加えて加持し、また狐に供える。茶枳尼天の眷属である狐が供物を食べたかどうかで、所願が受け入れられたかどうかを占ったのである。

この一連の秘儀が本尊の茶枳尼天に納受されれば、一切の道俗男女貴賤上下の別無く、その求める要事は大小関係無く、皆、呪を誦《よ》むに一として成就せずということと無し、と信じられた。

立川流は秘儀であるからこそ、生半可な知識の素人ではとんでもない解釈を生じさせるので、厳修《ごんしゅ》を修めた高僧にしか語れない奥義であった。

六　国家の再生を願った後醍醐天皇が信仰した真言密教

以上が立川流を始めとした荼枳尼天の祭祀の修法である。詳説した通り、巷で定着している立川流の認識とは全く異なるものである。更に言えば、立川流は真言密教の一つである。

そもそも真言密教とは如何なる教えであるのか。それを理解し得ねば、後醍醐天皇がこの教えに帰依した真意が理解できない。

真言密教とは、金剛界・胎蔵界の二つの曼荼羅の世界観からなるものである。金剛界曼荼羅は金剛頂経で説かれる曼荼羅であり、十八種の経典からなる金剛頂経の総称である。金剛界曼荼羅は金剛界如来という意味であり、大日如来が自らを「一切義成就菩薩」として現し、修行の末に「金剛界如来」となって開顕した悟りの世界である。

大日如来は成道以前の釈尊、つまり「一切義成就菩薩」(全ての目的を達成する意)となってこの世界に現れた菩薩のことで、この菩薩は苦行の果てに「一切如来」から悟りに至る真実の修行の法を示している。

胎蔵界曼荼羅は「大日経」が説く教えを図にしたものである。「大日経」の中の「大毘盧遮那成仏神変《じんぺん》加持経」は三十六章から構成されている。第一章では教理、第二章以下で曼荼羅の建立方法を始め修行の仕方などが述べられている。第一章の「住心品《じゅうしんぼん》」では、仏の知恵とは何かということについて詳しく述べられている。これを要約すれば、仏の知恵とは「如実に自らの心を知る」ことであるとされる。それは、仏の知恵という心である「菩提心」を発する。菩提心とは衆生の苦悩を共にする憐民の心のことである。また、「大悲」の教えに基づき、衆生を救済する全生命活動「方便」を究極的な生き方にするよう説かれている。このような仏の知恵は、大日如来の救いの働きによって示されているとされる。だからこそ、その知恵を獲得することが真言密教に於ける修行の課題となる。仏の知恵を獲得する為の詳しい修行法が第二章「具縁品《ぐえんぼん》」の胎蔵界曼荼羅を通じて説かれている。

生命の誕生が母胎に生を宿すことから始まり、肉体を形作り、菩提心を宿す者が次第に大悲を育むことが「大悲胎蔵」であり、誕生した者が学習により種々の活動を行うように、大悲を生育させた者が衆生を救済するという全生命活動こそが、真言密教の修行の果てに行者が辿り着く境地である。

これが真言密教の秘儀を行うことにより目指す真実のところである。この真実を知れば、現在、一般的に流布されている立川流の認識が如何に歪曲された虚偽のものであるかお判りいただけるであろう。真言密教の中でも、「頓成悉地」という絶大な威力を発揮する荼枳尼天を本尊とする立川流とは、大いなる働きを行う修法である。そして、立川流を敢えて選び修められた後醍醐天皇のご意思とは、一切の衆生を必ずや救済しようという猛烈なまでに強いものであったということが窺われるのである。

後醍醐天皇が鎌倉幕府の打倒を強く思われたのは、武家による武断政治のもと、苦しむ民を救済する為であった。その大願を成就する為、文観のもとで熱心に修行に励まれ、学を修められて、立川流の持つ絶大な力に頼られたのであろう。

七　後醍醐天皇の第一回倒幕計画「正中の変」

後醍醐天皇による最初の倒幕計画が世にいう「正中の変」である。

後醍醐天皇は側近の公卿・日野資朝《すけとも》と日野俊基《としもと》とを各地へ密かに派遣し、各地方の豪族らに接触させて、朝廷側に与するように促す等の交渉をさせていた。資朝と俊基とは幕府に警戒されないよう、山伏の姿に化して、全国を行脚し、情報を集めつつ倒幕の同志を募った。

更に、後醍醐天皇は清和源氏という名門の血脈を汲む武将・土岐頼貞やその同族の頼兼・土岐頼員《よりかず》、その縁戚関係である多治見国長、三河の足助《あすけ》貞親らを味方につけ、より綿密なる倒幕計画を練るべく、一計を講じた。それが、無礼講である。後醍醐天皇は外向けには無礼講という名目でカモフラージュし、所謂、飲めや歌えの馬鹿騒ぎをやっているだけとの体裁をとり幕府を油断させた上で、何度も無礼講を催し、密かに倒幕について、土岐氏や多治見氏らと密議した。この無礼講では倒幕の意図皆無としてカモフラージュする為に、わざわざ美女らを用意し、武将らは烏帽子も脱ぎ寛いだ様で遊女らを侍らせ、無礼講は行われた。そして、無礼講を装って密かに密議された内容は、絶対に秘匿とした。

ところが、ここで想定外の番狂わせが起こる。

毎夜毎夜、無礼講に出かけていっては、夜遅く、場合によっては午前様で帰ってくる夫を恨めしく思っていた土岐頼員の妻は、無礼講で美女を侍らせて楽しんでいると風聞で聴き、彼女の夫への怒りが爆発したのだ。ある夜、無礼講から酔っぱらって帰ってきた頼員に対して、帰ってくるやいなや、宴席に侍っている遊女らと不貞に及んでいるのではないかと頼員を責め立てた。有りもせぬ疑惑を妻から懸けられ困り果てた頼員は、その疑惑を払うべく、絶対に誰にも言ってはならないとして、実は、無礼講とは口実であり、宴席で密かに倒幕の密議を行っていると妻に白状してしまったのだ。現代でもありがちな妻の夫に対する他愛もない嫉妬心が国體中興に向けた後醍醐天皇の計画の決定的な致命傷となってしまった。実は、頼員の妻の父はよりによって、六波羅探題評定衆の奉行・斎藤利行であったのだ。幕府の中枢にいる者を父とする妻に、倒幕計画について漏らすなど、余りに不用意な行いであったというべきである。「なんと大それた恐ろしいことを」と驚く妻に、頼員は「畏れ多くも、帝から直々に仰せつかった国家の大事であり、武門としてこれ程の栄はない。父親と雖も、決して誰にも他言してはならない。決して無礼講で遊女と遊んだり不貞を働いている訳ではないから理解してほしい」と諭した。過去、幕府は、数多くの御家人に対して無情な粛清をかけてきたことを当然ながら幕府方の身内を父に持つ頼員の妻は重々承知していたであろう。万一、この倒幕計画が露見した場合、自身の夫の身はおろか父親の命こそ危うくなる。ならば、露見前に、六波羅探題評定衆の奉行である父に事の次第を伝え、自身の夫の命だけは今般の罪状を見逃し助けてほしい、と懇願した。後醍醐天皇による倒幕計画について知らされた斎藤利行は、早速、幕府へこれを報告した。

元亨四年（一三二四）九月十九日、幕府は即座に討伐に乗り出し、首謀者として

鷲峯山金胎寺（京都府和束町原山）

頼員を除く土岐家の面々及び多治見国長、足助貞親らを討ち取った。これが後醍醐天皇による第一回の幕府倒幕計画・正中の変である。

計画露見当初の時点では、後醍醐天皇はこの計画に関わっていないとされた。しかし、幕府の追及の手は、武家に対してのみに留まらなかった。幕府は今回の倒幕計画の真の首謀者である後醍醐天皇を追い詰めるべく、朝廷へもその触手を伸ばした。幕府による捜査上に、後醍醐天皇の側近で公卿の日野資朝・俊基の関与が浮き上がったのである。資朝・俊基は捕らえられてしまう。

朝廷内にも捕縛者が出たことを受け、天皇は事態の収拾の為、側近の万里小路宣房を勅使にたて釈明をさせた。その為、幕府も態度を軟化させ、後醍醐天皇への追及の手は緩められ、日野俊基も釈放された。しかし、日野資朝だけは疑いが晴れず、佐渡島に流罪となった。

かくして、後醍醐天皇の倒幕計画未遂事件は一旦、終息した。しかし、後醍醐天皇を脅威と感じた幕府はその後も後醍醐天皇に対して譲位を迫る等の圧力を強めていき、後醍醐天皇はいよいよ倒幕に向けて一層舵を切っていくことになる。

八　第二回倒幕計画「元弘の変」

元徳三年（一三三一）四月二十九日、後醍醐天皇の側近である吉田定房が六波羅探題に倒幕計画を密告し、突如、動乱の幕開けとなる。後醍醐天皇による二度目の倒幕計画である。皮肉にも、この時も身内、中でも後醍醐天皇の側近中の側近である吉田定房が密告することによって倒幕計画が事前に幕府側に露見してしまった。

吉田定房は後醍醐天皇の皇子・尊良《たかなが》親王の乳父《めのと》を務めた公卿で、後醍醐天皇の信任の非常に厚い人物であった。そんな定房が倒幕計画の密告をしたその真意は、事が露見した際に天皇に及ぶ害に鑑み、親心のうちに、後醍醐天皇はこの計画には携わっておられないと幕府にみなしてもらう為の苦肉の策であったと思われる。同年八月九日、後醍醐天皇は元号を「元徳」から「元弘」へ改元する詔書を下されたが、幕府はこれを認めず、「元徳」を使い続けた。

元弘元年（一三三一）八月二十四日の夜半、六波羅探題は軍勢を御所の中にまで送り込み、後醍醐天皇を捕縛せんとする動きをみせた。そこで、後醍醐天皇は三種の神器を奉持し、女房装束を纏って牛車に乗り、万里小路藤房・季房を随えて御所を脱出する。この後に一時の潜幸先となる春日大社で神鏡が奉持されなかった理由として、神鏡を奉持する際にはその前に祭祀が必要となるのだが、突然の異変であった為に祭祀を行う余裕が無かったことによる。後醍醐天皇は当初、護良《もりなが》親王の進言に沿って比叡山への動座を計画されていた。しかし、予想以上の幕府の不穏な動きを察知し、咄嗟の機転によって計画していた比叡山動座を中止し、自身の身代わりとして近臣の花山院師賢《もろかた》を比叡山に向かわせることにした。師賢は天皇のみに許される衣を纏い、後醍醐天皇に成りすまして輿に乗り比叡山延暦寺に上り、延暦寺の協力を頼った。幕府軍は天皇が延暦寺に潜幸されたと信じ込み、延暦寺に攻め寄せた。一方、延暦寺の衆徒らもまた帝をお迎えしたと信じていたので、大いに士気を上げ、幕府軍を撃退した。幕府軍が比叡山に引き付けられているうちに、後醍醐天皇は南都東大寺の別当で、東大寺子院・東南院院主・聖尋《しょうじん》を頼り、東南院に潜幸することに成功した。しかし、東南院に入って間もなく、同じく東大寺の子院・尊勝院が六波羅探題方に味方しようとしていることが判り、このまま東大寺にいては、南都が戦火にまみれてしまうと後醍醐天皇は憂慮された。東大寺は当時から遡ること僅か百年余りの治承四年（一一八一）の平重衡による焼き討ちによって、多くの伽藍が焼け落ちていた。特に、国家鎮護の利益ある東大寺の大仏も大部分が損傷され、当時の人々は大きな失意に陥った。東大寺の大勧進職・重源らの尽力により、文治元年（一一八五）大仏は復興し、建久六年（一一九五）に大仏殿も復興したが、その後も百年余りに亘って東大寺の伽藍の復興作業が続けられてきた。東大寺が復興して百年余りで再び、大仏を戦火にまみえさせる訳にはいかないと後醍醐天皇は叡慮され、東大寺に到着した翌日には東大寺を出て一旦、春日大社を経由し、八月二十五日夜半には南都を出て、二十六日に山城国和束《わづか》・鷲峯山金胎寺《じゅうぶさんこんたいじ》に入られた。

鷲峯山金胎寺の開創は、白鳳四年（六七六）に役行者が四十二歳の厄除けの為、自像を刻み奉安したことに始まる。第四十五代聖武天皇の御代の神亀年間（七二四～七二九）に平城京の鬼門除けとして別格本山鷲峯山金胎寺が建立され、勅願寺として非常に重要な位置を占めていた上、真言密教の修験道霊場として栄えた。大和の大峯山に対して北の大峯山と称された真言宗醍醐派の名刹である。第九十二代伏見天皇は譲位後に金胎寺で出家されている。このように皇室とも深い関わりのある金胎寺へ、後醍醐天皇は聖尋を始め東大寺東南院の僧三十名、公卿五名、武者五十騎と共に入られた。

九　笠置山を皇居とした後醍醐天皇の真意

民を思ってやまぬ大御心を以て挙兵された後醍醐天皇から頼みとされた聖尋は、これより先、幕府と事を構えるにあたり、帝の御所をどこに定めるべきか、考えを巡らした。実は、聖尋は東大寺の別当と同時に、山城国の鹿鷺《しかさぎ》山笠置寺の別当も兼ねていた。聖尋が別当を務めていた笠置寺の建つ笠置山は、白鳳十一年（六八二、大海人皇子（後の天武天皇）が開かれた寺院である。また、古代、天人が笠置山に降りてきて、山に聳える大きな磐座《いわくら》に本尊である弥勒像を刻んだと伝えられ、弥勒信仰の根本道場とされていた。弥勒信仰とは、釈迦入滅後、五十六億七千万年後の未来に、釈迦の代わりとしてこの世界に現れて悟りを開き、遍くこの世の全ての人々を救済する理想仏・弥勒への信仰である。全ての人々を救う弥勒信仰の一大拠点が、聖尋が別当を務める笠置寺だった。思えば、後醍醐天皇の二度に亘る挙兵計画の最大の目的は、民を救い、民が安寧に過ごすことのできる理想国家の建設にあった。京都の御所を出られてから、南都に潜幸されたものの、東大寺、春日大社

笠置山（京都府笠置町笠置）

を転々として行き先が定まらず、今、こうして金胎寺におられるが、この地でどれだけの間、幕府の攻撃をもちこたえられるのか。幕府に対抗し得る程の多くの味方の武士を募ることができるまで、果たしてもちこたえられるのだろうか。弥勒仏を本尊とする笠置寺に潜幸いただくことで、味方が少なく、心細い思いをされてお過ごしになられている後醍醐天皇の精神的な支えとなり、心を奮え立たせることができるのではないだろうか。

後醍醐天皇の国體中興による国家国民の救済という理想に照らせば、聖尋自身が別当を務める弥勒信仰の笠置寺こそが最も天皇の大御心に適《かな》った動座の地であると聖尋は考えた。

後醍醐天皇の動座先として笠置寺が最も適っているとするもう一つの要素は、笠置寺の建つ笠置山とその周辺の地形である。

笠置山麓の東西北の三方は急な斜面と深い谷になっており、笠置山の北麓は木津川に、東麓は布目川に、西麓は白砂川に囲まれている。南麓からは柳生街道が奈良に向けて延びている。笠置山南方の柳生郷には柳生氏の祖となる永珍《ながよし》がおり、永珍は後醍醐天皇を支持していた。聖尋は永珍に頼み、奈良から柳生街道を伝い笠置山へ食料や物資を届けてもらうよう手配した。その上で、笠置山程、天然の要害として幕府と対峙する適切な地はないと聖尋は判断した。また、後醍醐天皇の大御心に鑑み、笠置寺へ動座して頂くことが最も天皇の大御心に適ったことであると確信した。笠置寺は後醍醐天皇がその政の理想と仰いでやまぬ醍醐天皇も深く帰依された寺院である。笠置寺をおいて他に後醍醐天皇の動座に適した地は無いと、聖尋は後醍醐天皇を笠置寺へお招きし動座頂く決心をする。

しかし、幕府に対して挙兵した後醍醐天皇の御所となるということは、幕府の大軍との戦いで笠置山の伽藍全てが灰塵に帰すかもしれぬ、大きな覚悟が求められた。しかし、国體の中興には替えられぬ。聖尋にとって、苦渋の決断であっただろう。

八月二十七日、後醍醐天皇は金胎寺から笠置寺へと遷幸された。八月二十四日夜半に京都の御所を脱出されてから東大寺・春日大社・金胎寺を転々とされてから同二十七日に笠置寺へ入られるまで、僅か丸二日と数時間のめまぐるしい流転の遷幸となった。

十　天皇を「凶徒」と罵った鎌倉幕府の異常さ

天皇が三種の神器を伴って動座されたのは、安徳天皇が海に没せられた壇ノ浦の戦いで知られる寿永の役以来の事態である。基本的に、三種の神器が天皇によって奉斎されている所が皇居となる。だからこそ、度々、三種の神器を遷すということは無い。逆に言えば、そうせざるを得なかった程、当時の武家の世が歪な状況であったということである。また、三種の神器が天皇によって奉斎されている場所が皇居であるという定義に沿えば、笠置山に残る後醍醐天皇御所趾は「笠置行在所《あんざいしょ》」ではなく「笠置皇居」と呼ぶのが正しい。

花山院師賢の身代わり作戦によって比叡山に引き付けられていた幕府軍であったが、間もなく、比叡山の輿の中の主は後醍醐天皇ではないと露見し、延暦寺の衆徒は即座に戦意を喪失して朝廷側は総崩れとなった。師賢は比叡山から逃れ笠置寺へ向かい後醍醐天皇と合流する。

比叡山の天皇らしき人物は実は天皇ではなく、天皇は笠置寺にいる、と知った幕府軍は笠置へと押し寄せてくる。これを受け、幕府は『六波羅御教書』を発して「笠置寺・輪塚　両所間に凶徒等盾籠る」と全国の御家人に出陣を促した。一方、後醍醐天皇は「関東の逆徒　武威を以て朝家を乱す」との幕府打倒の綸旨を全国の武士らに発した。ここで着目すべきは、幕府が発した『六波羅御教書』に、天皇及び朝廷側の人々のことを「凶徒」と表現している点である。敵対し相争っている事態であったので、敵であるから天皇であろうが朝廷であろうが幕府側は「凶徒」と表現したのである。これは、楠公悪党説に通じる、幕府側の朝廷側に対する表現でである。これだけみても、楠公が悪党と一般的に認識されていたことはなかったことが明白なのである。

後醍醐天皇の綸旨を受けて、八月二十八日頃から伊賀・伊勢・大和・河内の武士らが笠置に集結してきた。特に、真っ先に参陣した武将として知られるのが、三河国足助庄から馳せ参じた足助次郎重範《しげのり》である。しかし、明らかに天皇側の兵力は幕府側に比べて分が悪く、勝ち目が薄かった。

民を安寧とその幸せのみを一心に願い、その為に国體を中興しようと二度に亘って幕府打倒の為に立ち上がろうとしたが、二度共、身内からの情報漏洩や密告によって失敗に終わろうとしていた中、不安に打ちひしがれている後醍醐天皇が白昼夢をご覧になられたのだが、この危機に晒された中でご覧になられた後醍醐天皇の霊夢によって、楠木正成が世に登場することとなる。

十一　楠木正成、天皇の霊夢によって華々しく歴史の表舞台に躍り出る

楠木正成が後醍醐天皇に召し出される契機でよく知られるのが『太平記』第三「主上御夢事付楠事」の中で記された後醍醐天皇の「南木の霊夢」である。倒幕計画が鎌倉幕府に露見したことを受け、御所を脱出し笠置山に入られ笠置寺本堂を皇居とされた後醍醐天皇はある日中うたた寝をされた際、夢をご覧になられた。その夢の内容は次の通りである。紫宸殿の庭に大きな常盤木があり、その下には諸卿が居並び列座し

笠置行宮遺趾（京都府笠置町笠置）

ていたが、常盤木の南に向かった場所に据えられた座席にはまだ誰も座っていなかった。天皇は夢見心地に「この座席は誰を迎える為の座席であろうか」と不思議に思ったところ、二人の童子が忽然と姿を現し、天皇の前に跪《ひざまず》き、涙を流しながら「天の下には天皇の御身をお隠しになられる場所がございません。しかし、あの木の陰に南へ向かった座席がございます。これは帝の為に設けた玉座でございますれば、暫くこの玉座にいらしてください」と言い、童子は再び天に昇っていった。ここで夢から覚めた後醍醐天皇は、これは天からのお告げに違いないと、夢の内容を思い巡らした。「木に南と書いて楠となる。その陰で南に向かって座せば、再び、天皇の徳を以て天下を治めることができる」ということは、楠という名の者を召して事を構えれば、再び天子としての徳を以て世を安らけく導けると天皇は悟られた。そこで、笠置寺の衆徒に「この辺りに楠という名の者はいるか」とご下問され、衆徒は「河内国の金剛山の西に、楠多門兵衛正成という武勇に名高い者がおります。敏達天皇四代孫で井手左大臣と称された橘諸兄公の後胤ですが、民間に下ってから長い年月を経ております。この者の母が若き頃、信貴山の毘沙門天に百日詣をした際に夢のお告げを受けて授かったのが正成という者だそうで、その為、幼名を多聞といったそうです」と自身の持っている正成に関する知識を以てお答えした。

これをお聴きになられた後醍醐天皇は、正成こそ夢のお告げの正体であると確信され、側近の万里小路藤房を召して「急ぎ正成を召せ」と命じた。

正成に笠置参陣を促す勅使として楠木館に遣わされることになった万里小路藤房は、正成の妻の兄であった。楠木家と婚姻関係を結んでいたことから、万里小路藤房は後醍醐天皇に正成を推挙し、自らが勅使となり、正成に参陣を促したと思われる。

万里小路藤房は帝の宣旨を受けた勅使として早速、河内の楠木館へ赴き、正成に事の次第を話して、笠置への参陣を要請した。正成は「弓矢を取る身として、天皇からの勅命をお受けすること以上の誉れはない。喜んで笠置へ馳せ参じましょう」と言い、これを快諾した。正成は、家臣である石川良純、その子・義佑、及び錦織俊正らを主将とした六十騎を率いて笠置へ参陣した。

「正成一人生きてありと聞し召し候はば、聖運ついに開かるべしと思し召し候へ」

後醍醐天皇は、正成のこの奏上を実に頼もしく思われたことであろう。この瞬間こそ、我が国最大の忠臣・楠木正成が歴史の表舞台に躍り出た瞬間だったのである。

十二　楠木正成、赤阪城で挙兵

笠置での後醍醐天皇への拝謁を済ませた正成は、即刻、河内へとって返し、挙兵の為の戦支度を整えるべく将兵を集め、極秘裡に、下赤阪・上赤阪・桐山・持尾・平石・龍泉・金胎寺城の七か所での築城に同時に着手した。正成の挙兵は当初、地方の豪族の反乱程度にしか思われておらず、まさか、密かに七か所もの築城を開始していたとは、幕府は想像だにしていなかった。

正成が迅速に七か所もの築城に着工できた背景には、楠木氏が河内周辺での辰砂採掘の権利を掌握していた潤沢な経済基盤があった。相当な財力をも有していた為、今後に続く籠城戦を持ちこたえるだけの強固な城を築くことができたのであろう。当然ながら、当時の城は近世の城郭とは違い、簡素な山城である。とはいえ、俄かに築城が可能であったのは、楠木家が大きな財力を有していたからに他ならない。

更に、正成は金剛山山頂の転法輪寺《てんぽうりんじ》を味方に引き入れ、修験者と連携した。修験者は山から山へ、尾根伝いに食料はもちろん、各地の情報ももたらしてくれる、戦時には有難い味方であった。正成が山岳での籠城戦に余裕で臨めたのは、修験者の貢献が大きかったといえる。

正成自身が立て籠った城は、楠木館から程近くの楠木本城として真っ先に築かれた下赤阪城である。九月十一日、下赤阪城に於いて、正成は挙兵した。

下赤阪城趾（大阪府南河内郡千早赤阪村）

正成が河内に戻り挙兵して間もなく、後醍醐天皇が笠置で挙兵されてから約一カ月後の九月二十八日夜半、笠置を取り囲んでいた幕府軍のうち、五十名で編成された白装束の決死隊が、笠置寺に夜襲をかけた。暴風雨の嵐の夜であったこと、真夜中の不意打ちであったことが重なり、朝廷軍は僅か五十名の決

後醍醐天皇松の下露碑（京都府綴喜郡井手町）

死隊を大軍と勘違いし、笠置山は大混乱に陥り、あえなく陥落。幕府方が放った火は猛火となって笠置山の五十箇寺を焼き尽くした。この猛火の勢いは猛烈に激しく、笠置寺の本尊として岩盤に彫られた弥勒菩薩磨崖仏が焼けただれ焼失する程であった。

後醍醐天皇は万里小路藤房とその弟・季房《すえふさ》の僅か三名のみで笠置を脱出し、正成の籠る赤阪城を目指したが、途中道に迷い、有王山《ありおうざん》（現・京都府井手町）の山中に迷い込んでしまわれた。

飲まず食わずの上、裸足で山中を彷徨《さまよ》っておられた際に、後醍醐天皇は「さしてゆく　笠置の山を出でしより　天が下には隠れ家もなし」と詠まれ、随っていた万里小路藤房と季房は後醍醐天皇の境遇を悲しみ、涙を流した。

笠置陥落時、同じく笠置寺におられた護良親王は無事、下赤阪城へ逃れている。

笠置陥落の報せを受けた正成は後醍醐天皇を救出するべく、すぐさま、赤阪から笠置へ向かったが、木津川沿いの駒返しの岩（現・京都府和束町）辺りに差し掛かった所で、笠置から立ち昇る猛火を確認し、時既に遅し、と赤阪へ帰還し、引き続き籠城を貫行した。

笠置陥落の一週間後、後醍醐天皇は藤房・季房と共に有王山中で幕府方に捕らえられた。

後醍醐天皇が捕らえられた後も、楠木正成は籠城戦を継続した。

やがて、下赤阪城の水源を突き止めた幕府軍はその水源を封鎖した。水源を断たれ、籠城継続は不可能と即座に判断した正成は、幕府方の戦死者の遺骸に自身や一族郎党らの鎧を着せて城内に寝かせた上で、夜半に自ら城に火を放ち、楠木軍はかねての手筈通り、護良親王を村上義光《よしてる》という忠義の家臣に託し、親王を十津川へ逃がした。正成を始めとする楠木軍の手勢は尾根伝いに桐山を経て上赤阪城へ撤退し

千早城趾全景（大阪府南河内郡千早赤阪村）

た。十月二十一日のことである。

下赤阪城から出火し、焼け落ちたのを見た幕府軍は、正成は自刃したと安堵した。実際、焼け落ちた城内からは、正成を始めとした一族郎党の鎧を着た焼死体も発見され、楠木兄弟は死んだと信じ込んだ幕府軍は胸を撫で下ろした。

幕府は元弘二年（一三三二）三月、持明院統の光厳《こうごん》天皇を即位させ、倒幕計画に加担した日野俊基、日野資朝らを斬罪に処し、後醍醐天皇を隠岐島へ配流した。こうして倒幕運動は鎮圧されたかに見えた。

十三　楠木正成の並外れた知略によって幕府の大軍を翻弄する

元弘二年（一三三二）四月、突如として沈黙が破られた。死んだはずの楠木正成が姿を現し、下赤阪城を奪還したのだ。楠木方の手勢が城内に届けられる兵糧を運ぶ人夫に成りすまし、兵糧と見せかけた俵の中には武器を忍ばせた。こうして、難なく城内に入った楠木軍によってあっさり下赤阪城は楠木方の手に陥ち、幕府方として下赤阪城を守備していた湯浅宗藤《むねふじ》は楠木方に降伏した。

この戦いでの勝利で勢いづいた楠木軍は一気に和泉・河内一帯を制圧し、住吉・天王寺に布陣した。この勢いに乗じ、楠木軍が洛中へ攻め寄せてくることを危惧した六波羅探題は隅田・高橋両軍合わせて五千騎を派遣した。五月二十一日、渡辺橋を挟んで楠木軍と幕府軍が対峙した。突如、楠木軍が撤退する動きを見せ、これを追討せんと功を焦った六波羅の大軍は我先にと橋を渡ろうとしたが、渡辺橋の橋脚が折れ、多くの将兵が川に転落して流され、六波羅軍は総崩れとなり、京都へ逃げ帰った。

同年九月、正成は金剛山の千早城で挙兵し、幕府はその威信にかけて、九月二十日、八十万余騎もの大軍を千早城に派遣した。

楠木軍は住吉・池尻・金胎寺城・龍泉寺城等河内一帯を転戦しつつ幕府軍を山岳での戦いへ引き込んでいった。特に金胎寺城は高さが三百メートル程、龍泉寺城は高さ約四百メートルある山城で、山岳での戦いに不慣れな幕府軍は戦いに苦心した。

攻めようにも、山の上から大木や大岩を落とされ、多くの死傷者を出した幕府軍の士気は大いに砕かれた。八尾近辺で、楠木方の恩智左近らの伏兵による奇襲を仕掛けられ、二十万の援軍は多くの死傷者を出した。やっとの思いで八尾を抜け、羽曳野の玉手山で兵を休ませていたところを、またも楠木方の河原寛成らの奇襲を受け、必死の思いで玉手山から逃れ、道中の休息もままならず、千早城へ向かう羽目となった。

幕府軍を散々に翻弄し痛みつけた上で、楠木軍はいよいよ、千早城での更に厳しい山岳戦へと幕府軍を引き込んでいった。道中、散々に楠木方の伏兵に苦しめられながらの援軍の行軍は、約一カ月にも及んだ。

山岳での戦いに疲弊していた幕府軍は更なる援軍を鎌倉に要請、六波羅軍二十万騎、計百万もの大軍が千早城に押し寄せることとなったのだ。

同月には、十津川から熊野を経て官軍を募っていた護良親王も吉野城で挙兵し、倒幕の令旨《りょうじ》を発した。吉野城は現在の蔵王堂にあたる。

元弘三年（一三三三）二月、平野将監《しょうげん》を主将とする上赤阪城が足谷《あしたに》川上流の猿滝の水源を断たれて陥落した。降伏した城兵らは処刑され、首は獄門にかけられた。

同月十八日には、護良親王の籠る吉野の吉野城も幕府の手に陥ちた。下赤阪城脱出の際から護良親王に付き従ってきた村上義光が、この戦いで親王の身代わりを自ら買って出て、護良親王を逃れさせた。義光を見捨てては行けぬと拒む護良親王を義光は叱咤《しった》し吉野城を脱出させた。護良親王の鎧兜を義光自ら身に着け、その山門に立ちはだかり、大音声で「我こそは天照大神子孫・神武天皇より九十五代の帝・後醍醐天皇皇子・一品兵部卿親王尊仁《たかひと》である。逆臣の為に亡され、只今自害する有様を見置きて、汝等が武運遂に尽きて腹を斬らんずる時の手本にせよ」と迫りくる幕府軍の目前にて声高に叫び、腹一文字に掻っ捌いて自らの腸を引きちぎり敵に投げつけ、太刀を口にくわえた後にうつ伏せに打ち伏して壮絶な自刃を遂げている。
　吉野城を脱出した護良親王は、正成の籠る千早城へと向かった。

千早城三の丸跡に建つ千早城趾石碑

十四　千早城攻防戦

　千早城は金剛山から西方へ延びる一支脈の先端部にあたる半独立型の孤峰に築かれた。海抜六百メートルあり、大阪湾まで見渡すことができる。千早城周辺を深い渓谷が囲み、その谷を隔てた周囲の峰々を始め、峰から連なる南北の山脈の尾根伝いに砦を築き、監視兵を常駐させて、千早城との間で、情報や物資等を絶えず連携させた。千早城の大手門は現在の金剛山登山口辺りで、そこから上方へほぼ一直線、馬の背のような高低差のある地形を活かし四の丸・三の丸・二の丸・本丸と繋がった。その周囲の各所には数々の堀切と出丸が築かれた。存道館も出丸趾である。

千早城単体で見れば、規模としては周囲が一里にも及ばぬ小規模な城郭である。しかし、城は千早城だけが単立しているのではなく、その周囲の峰という峰が千早城の要塞となっていたのだった。

千早城に押し寄せた幕府軍は大阪側から阿蘇治時軍が、和歌山側から名越《なごえ》高家軍が、吉野側から大仏《おさらぎ》高直軍が、各方向から攻め寄せた。千早城を見た幕府軍は当初、この程度の小城であればすぐにでも陥とせると高を括った。功を焦った幕府側の手勢は我先にと勾配のきつい千早城を登り木戸口まで殺到した。そこへ四方の上方の曲輪《くるわ》に籠っていた楠木勢により、大石や大木が投げ落とされ、戦い初日で五、六千人の幕府側手勢があっけなく戦死した。

どうしたものかと攻めあぐね陣中に引き籠って

国見城趾に残る扇型手水鉢（奈良県御所市高天）

金剛山山頂に残る正成時代の石垣

しまった幕府軍を挑発するべく正成の命で行われたのが、世に名高い「藁人形戦法」である。霧の濃い夜の内に、千早城の麓に藁人形を仕込ませたのだ。夜が明けて、霧が晴れ始めたところで、楠木勢がどっと鬨《とき》の声を上げると、幕府軍は楠木軍の奇襲と思い込み、慌てふためいた。藁人形に向かって必死に矢を放ち、麓まで攻め寄せてきた所に、再び夥しい数の大石と大木が襲う。この戦いだけで幕府軍が失った手勢は五百。楠木軍は一人の戦死者も出さず、おまけに藁人形に刺さった敵の矢を無償で手に入れることができた。この戦法は、三国時代の蜀の軍師・諸葛亮が赤壁の戦いに於いて編み出したものを正成なりにアレンジした手法であるといわれている。

大手門の裏手、現在「まつまさ」という料理屋の対面から千早城本丸へと登る裏道沿いにも、あの手この手で本丸へ近付こうとする幕府軍を一網打尽にする仕掛けが様々に設けられた。「かけはし」という地名が残っているが、ここはその名の通り、幕府の数千人の兵が、大木を倒して峰から峰へと連なる橋とし、千早城に向けて渡ろうとした地である。ここでは、正成の命により、松明で梯子に火が点けられ、梯子は瞬く間に全焼、数千の兵は瞬時に谷底に落下していった。世に「雲梯の計」とされる正成の奇策の一つである。

疲労困憊《こんぱい》の幕府の大軍はただ茫然と取り囲むことしかできなかった。その間も、千早城からその下を取り囲む幕府軍に向けて、岩石や熱湯、大木、土塀が容赦なく投げ落とされ、幕府軍は無駄に死傷者を増やしていくままに三カ月の時間を浪費させられた。

戦後の歴史学者によって千早城の遺構は現存していないと定義付けられているが、先祖代々現地を守る方々への取材により、尚、千早城攻防戦当時の石垣や郭の趾が現存していることを突き止め、実際にこの目でも見せていただいた。千早城本丸跡は現在、千早神社の神域にあたる為、禁足地となっており、一般には目視はできないが、正成が籠った本丸の遺構も現存している。千早城の支城・国見城には当時の石垣はもちろんのこと、当時使われた扇型手水鉢《ちょうずばち》まで現存しており、千早城攻防戦当時から変わらぬ清水も今も尚、滾々《こんこん》と湧き出している。

幕府は千早城の水源を探すことにも躍起になったが、見付けることはできなかった。それもそのはずで、同じく楠木方の城である金剛山の山頂の国見城を始め山中の五か所から水が湧き出しており、これを秘水として水源を城内に確保していた。千早城に籠る楠木軍は、その豊富な水源を利用して水を摂取し、食料や生活必需品等と共に幕府方の情報を、尾根伝いに修験者から得ていた。全て尾根伝いに入手可能な為、幕府軍が山麓を必死に封鎖しても、全く無意味であり、どれだけ長期間の兵糧攻めに持ち込んだところで、千早城が落城することは有り得なかった。

城を攻めようにも、山上から熱湯や大岩・大木を落とされて攻めることもできず、幕府の大軍はただ金剛山麓で千早城を見上げるだけの日々が続いた。

十五　「千早城未だ陥ちず」の報により幕府の権威は失墜、全国倒幕運動の火種となる

幕府の全力を集結しても地方の一豪族の城すら陥とせぬという報せは、全国を駆け巡り、幕府の面子と権威は失墜した。この頃から、御家人の中で、幕府から離反するという動きがみられるようになっていく。

千早城に幕府軍が翻弄されている最中、閏二月二十四日、伯耆《ほうき》国の豪族・名和《なわ》長年が後醍醐天皇を隠岐の島から脱出させ、自邸の近くに聳える船上山《せんじょうさん》に行在所を設けて後醍醐天皇を迎えた。後醍醐天皇は船上山から全国に向けて倒幕の綸旨を発した。後醍醐天皇が隠岐の島から戻ってこられたという報せは、全国の御家人に大きな衝撃を与えた。それでなくても、千早城の戦いで辟易《へきえき》した思いを強いられていた御家人らは次々に戦線から離脱し始める。衝撃を受けたのは御家人だけではない。この様子を見ていた全国の豪族らも同様であった。

播磨国では赤松則村（後の円心）が挙兵し、その他の各地でも反乱が相次いだ。

船上山を討つ為、幕府は足利高氏ら御家人を援軍として送り込んだ。しかし、高氏は自身の所領である丹波国篠村八幡宮で幕府へ反旗を翻す。五月七日に足利高氏によって京の六波羅探題が陥落した。

高氏の攻撃によって六波羅が陥落したという報せは千早城を包囲していた幕府軍にも伝わり、幕府軍として参戦していた諸将らは更に戦線を離脱していった。

高氏の離反に続き、五月八日には新田義貞が上野国生品《いくしな》明神で挙兵した。足利・新田という二大御家人の離反は更に全国の御家人の離反を誘発し、世は倒幕一色の気運となった。

新田義貞は稲村ヶ崎から鎌倉へ突入し、これが幕府にとっての致命傷となった。北条一族の多くが戦死、自刃し、生き残っていた得宗家当主・北条高時を始めとした北条一門は五月二十二日、北条氏の菩提寺であった東勝寺に於いて自害し、ここに鎌倉幕府は滅亡した。

かくして、後醍醐天皇は兵庫に於いて正成に迎えられる。正成は後醍醐天皇ご還幸の先陣を務め、ここに建武の中興が成立した。

第三章

楠木正成の献策を退けた後醍醐天皇の真の思い

一　足利尊氏の野心を真っ先に見抜いた大塔宮護良親王

建武の中興によって、後醍醐天皇が自ら政治を司られる親政が行われた。京都に還幸された後醍醐天皇は、鎌倉幕府が立てた光厳天皇を廃されると同時に時の関白・鷹司冬教《ふゆのり》を廃し、それに代わる関白を任命することはなかった。藤原氏が天皇の外戚となることによって朝廷内勢力を誇った摂関政治は、平安期以降の政治体制であり、元来の日本開闢の原点たる祭政一致による天皇親政とは異なったものであった。後醍醐天皇が関白を置かなかったのは、その徹底された国體中興の理念の顕れである。

鎌倉幕府滅亡に際し、京都の六波羅攻撃を主導し成功させた足利高氏は京都奪還の直後に早くも奉行所を置き、京都の治安維持を図った。また、朝廷から尊氏は武蔵守に、高氏の弟・直義は相模守に任ぜられているが、これは鎌倉幕府政権下での記憶がまだ生々しかった当時の武門らの目から見て、朝廷が足利兄弟を特別に厚遇していると映った。何故なら、例えば武蔵守に任ぜられた、北条時政の女婿で源義

大塔宮護良親王を祀る鎌倉宮（神奈川県鎌倉市二階堂）

光の曽孫・源朝雅や、同じく武蔵守に任ぜられた北条泰時の嫡孫で泰時の後を継いで執権となった経時、その弟で相模守に任ぜられた時頼等を始めとして、鎌倉幕府時代、武蔵守・相模守共に、北条氏の重鎮で執権職にあたった者が多く任ぜられた官職であり、武門にとって特別なるブランドとみなされていたからである。

建武政権下で、足利兄弟がまるで北条氏の全盛期を彷彿させるべく揃って武蔵守・相模守に任ぜられたことを以て、当時の武門らに次なる武門の統率者は足利家であるかのような印象を世に与えてしまう結果となった。これは、後に足利高氏自身が次なる征夷大将軍に値する立場であると世に宣明したに等しい事態であった。このような不自然で歪な任官が為された背景として、早々に後醍醐天皇に対して反旗を翻し、次なる天下を狙おうとしていた足利兄弟による手練手管の権謀術数の工作活動が為されていたであろう事が容易に推測できる。北条の強権統治下を生き残ってきた足利家の人々にとって、権謀術数を仕掛けるのはお手の物であったであろうし、世間知らずの朝廷の公卿を意のままに操るのは朝飯前であったろう。

この足利兄弟の天下を窺う不審な様を、誰よりも先に見抜いていたのが、洛中に監視の目を向けていた大塔宮《おおとうのみや》護良親王であった。足利兄弟もまた護良親王を警戒した。護良親王は建武中興成立当初、信貴山の毘沙門堂にいらっしゃったが、その噂を聴き付けた全国の武将らが一斉に護良親王のもとへ馳せ参じたという程、護良親王は当時の人々から大きな支持を得ていた。天下の武門の頂点を狙う足利兄弟にとって、護良親王程疎ましいものはなく、目の上のたん瘤であったに違いない。

そんな中、護良親王が天台座主であられた当時から親王に付き従っていた殿法《とののほう》印《いん》の手下の兵が洛中で強盗等の狼藉《ろうぜき》を働いたとして、足利高氏の配下によって捕らえられ、有無も言わさず処刑されるという事件が起こった。この事件を機に、建武一統直後から忽ち、護良親王と足利兄弟との敵対関係は決定的なものとなった。

二 「足利高氏」から「足利尊氏」へ

両者の対立に心を痛め、何よりも世の平安を願っておられた後醍醐天皇は、自身の皇子・護良親王に対し、足利高氏は鎌倉倒幕の功績が大きいのは事実で、世は静謐《せいひつ》となったのだから天台座主に復するように、と諭されている。臣下を褒め、我が子に引けと命じられるとは、なんとお心の広い仁徳溢れた天皇であられたのだろうかと改めて痛感させられる後醍醐天皇のご叡慮である。後醍醐天皇は足利兄弟の天下一の勲功を望む強い思いを汲み、彼らの気が済むならばと、元弘三年（一三三三）六月に高氏を従来の官位であった従五位上から従四位下左兵衛督《かみ》に、その二カ月後の八月には従三位という破格の官位を与え、後醍醐天皇ご自身の諱《いみな》である「尊治《たかはる》」の一字「尊」を高氏に与えた。以後、「足利高氏」は「足利尊氏」

となる。尊氏の弟もまたこの時に左馬頭《さまのかみ》に任ぜられている。

一方で、後醍醐天皇が護良親王のことも慮《おもんぱか》り、同年六月に護良親王を征夷大将軍に任命した。また、尊氏が国司に任ぜられた武蔵国の背後である陸奥国には後醍醐天皇の皇子・義良《のりなが》親王を奉じた北畠顕家を国司として下向させ、尊氏を牽制する見事な配置としている。北畠顕家の父・親房と護良親王とは従兄弟という強固な関係でもあり、間接的ではあるが、陸奥国に於いても武蔵守に任ぜられた尊氏に対して護良親王の監視の目が行き届くこととなる。

更に、所領・所職に関する訴訟を採決する雑訴決断所を始めとした、当時の武門が最も重視した論功行賞を司る記録所や恩賞方から足利一族は悉く外され、楠木正成、名和長年、結城親光《ちかみつ》といった反尊氏側の勢力が採用されている。つまり、後醍醐天皇の真意は、名誉欲は人一倍強いが忠誠心に薄く信頼に足らぬ足利兄弟は、彼らの野望を「名」で抑えつけ、「実」は信頼できる臣下に任せ、人事のバランスをとることにあったのだった。

ちなみに、北畠親房は『神皇正統記』の中で、尊氏に関しての表記は「高氏」で統一しているのも、興味を惹くところである。北畠親房の『神皇正統記』に於ける「高氏」に貫徹した表記の計らいは的確である。主君から諱を受けるということは単に主従関係を固めるというだけに留まらぬ、重大な意義を持つ。例えば、足利尊氏の元の名「高氏」は、尊氏の元服の儀式の折に烏帽子親を務めた当時の尊氏の主君・北条高時からその名前の一字「高」の字を与えられ名乗った名である。当時の武家社会に於いて、元服は一生に於ける最も重要な通過儀礼の一つであった。烏帽子親となってくれた主君である。ましてや主君の名前の一字を与えられた場合は、兄弟の契りに等しく、今後は生涯、その主君を裏切るようなことがあってはならない。しかし、尊氏は烏帽子親にして名前の一字を与えてくれた北条高時を裏切った。

更には、その後、後醍醐天皇から諱の一字を与えられたにもかかわらず、後醍醐天皇をも裏切った。裏切った以上、主君から与えられた名前の一字を名乗ってはならない。つまり、尊氏は、「高氏」「尊氏」のいずれも名乗る資格を喪失していた。北畠親房が「高氏」と表記したのはまだ生易しい程で、もはや表記使用可能な文字が無い尊氏に対しては「タカ氏」という表記くらいで良かったのではないかとすら思える。

三　親王暗殺という大逆罪を犯した足利尊氏・直義兄弟

元弘三年十月には側近の北畠親房の子・北畠顕家が鎮守府将軍・陸奥守に任命され、義良親王（後の後村上天皇）を奉じ、陸奥国へ派遣され陸奥将軍府が置かれた。一方、十二月には尊氏の弟・直義が後醍醐皇子・成良《なりなが》親王を奉じて鎌倉へ下向し、鎌倉将軍府が置かれた。

鎌倉将軍府の設置によって、尊氏の野望が進捗していくことを危惧したのは護良親王である。護良親王は後醍醐天皇に尊氏の野望について奏上し、尊氏討伐の勅命を下すよう迫ったが、和を第一に重んじた後醍醐天皇によって、護良親王のこの願いは却下された。

足利尊氏がこの頃最も恐れた人物は護良親王であった。自身の野望を唯一、先んじて見抜いた人物である。その護良親王が後醍醐天皇に対して自身を討伐するよう進言しているという情報も、当然、尊氏は得ていた。このまま護良親王を放置していては自身の身が危ういと考えた尊氏は護良親王の失脚を企てる。まず、後醍醐天皇の寵姫で義良親王の生母である阿野廉子《れんし》に接近、護良親王が次なる立太子を予定されていた義良親王に対して皇太子の座の簒奪《さんだつ》を目論んでいる等と耳打ちした。阿野廉子以外の女官との間に設けられた後醍醐天皇の皇子である護良親王という存在は、我が子である義良親王可愛さに思い余る阿野廉子の母心を揺さぶるものであった。当然、宜しくない思いを護良親王に対して持っていた。尊氏はそこに着目したのだ。

護良親王の皇位簒奪の嫌疑が阿野廉子から後醍醐天皇へと伝えられ、これ以上の争乱の火種となる前にと、心を痛められつつ、後醍醐天皇は自身の皇子の捕縛を臣下に命じたのであった。建武元年、護良親王は名和長年・結城親光によって捕らえられ、その身柄は鎌倉将軍府にあった足利直義に預けられた。よりによって、後醍醐天皇が最も警戒していた尊氏側へ皇子の身柄を託したのは、後醍醐天皇の和平を強く願われての思いによるものであったのだろう。鎌倉に送られた護良親王は東光

大塔宮護良親王が幽閉された土牢（鎌倉宮）

寺に幽閉された。幽閉されてからの護良親王はひたすら読経と写経に勤《いそ》しむ静かな日々を送られた。

建武二年（一三三五）六月、公卿・西園寺公宗《きんむね》らが、持明院統の後伏見法皇を奉じて建武政権の転覆を企てるという事件が勃発した。公宗は幕府滅亡後、北条高時の弟・泰家を自邸に匿っていた。公宗は後醍醐天皇の暗殺に失敗し処刑されたが、泰家は逃亡、各地の北条残党に挙兵を呼びかけた。これに呼応したのが、信濃国に潜伏していた高時の遺児・北条時行と、時行を助けた諏訪頼重である。中先代の乱の勃発である。足利尊氏は後醍醐天皇に時行討伐を名目として、自身を征夷大将軍、総追捕使に任命するよう求めたが、尊氏が征夷大将軍の座を狙っていたことに気付いておられた後醍醐天皇は尊氏の要求を退け、成良親王を征夷大将軍に任命した。すると、尊氏は勅命を得ぬままに、北条軍の討伐に向かってしまう。

同年七月、足利直義は、中先代の乱の混乱に乗じて、かねてより目の上のたん瘤であった護良親王を今が好機とばかりに殺害した。正しくは、臣下が皇族を殺害したので「弑殺《しいさつ》」である。護良親王は直義が差し向けた家臣・淵辺《ふちのべ》義博の手によって首を討たれた。この時、護良親王は首を討たれまいと必死の抵抗をしたが、約十カ月に亘る幽閉生活を余儀なくされていた護良親王の足腰はひ弱く、たちまち、淵辺義博に組み伏せられ、太刀で首を落とされそうになった。この時、護良親王はその太刀を口で受け止め、噛み折ろうとし、そのまま絶命された。太刀が役に立たなくなった淵辺義博は脇差によってようやく親王の首を打ち落とした。討ち取った護良親王の首級の形相は、目をカッと見開き口に太刀をくわえたまま睨み付けていると いう非常に恐ろしいものであったので、恐れをなした淵辺義博は首級を草叢に思わず放り投げたという。中先代の乱が尊氏によって鎮圧されたのは、この二日後であった。

四　躁鬱病に悩む足利尊氏と、それに振り回される足利家の家臣達

護良親王が足利直義によって殺害されたという報せは、幽閉中の親王の身辺の世話の為に侍っていた女官によって後醍醐天皇の元にもたらされた。当然ながら、皇子を殺された後醍醐天皇は激高され、尊氏を詮議する為、帰京の勅命を出された。

実質、護良親王を討ったのは直義であるが、その陰に尊氏の存在があり、尊氏が親王弑殺を主導したことは明らかであったからである。

しかし、時行軍を討伐した尊氏は、後醍醐天皇からの帰京の勅命を無視し、そのまま鎌倉に居座り続けた。

その間も尊氏は、関東の新田氏の領地を勝手に没収し、中先代の乱の鎮圧の際に

自身の元へ馳せ参じた武将らに新田氏の領地を恩賞として勝手に与えたりするなど、後醍醐天皇への叛意を明示した。

かくして、十一月八日、ひたすら和平の道を探っていた後醍醐天皇は、義貞に対して、尊氏・直義追討の宣旨を発するに至った。

官軍総大将となった新田義貞は、後醍醐天皇の皇子・尊良親王を奉じ、弟・脇屋義助《よしすけ》を始めとした十万の大軍を率いて鎌倉へ向かった。同時に、陸奥の北畠顕家の軍も鎌倉へと進軍を開始した。

ここで面白いのが尊氏の動向である。

生来、尊氏は躁鬱《そううつ》の気があった。後醍醐天皇から逆賊とされて討伐軍が差し向けられた一報が入るや否や、鬱状態に陥り、出家遁世して引き籠ってしまった。役に立たなくなった尊氏に代わり、弟・直義が軍を主導し、官軍を迎え討つべく出兵した。両軍は十一月二十五日に三河国矢作で激突、新田軍は足利軍を破り、駿河まで進軍した。足利陣営では、逆賊の汚名を着せられるのは真っ平御免とばかりに新田軍への投降が相次ぎ、見るからに足利軍の士気は下がっていった。このままでは足利は終わりだと悟った直義は、出家遁世の為に引き籠ってしまった尊氏の元へ出向き、「武家の棟梁である兄者が出撃してくれねば足利は終わりだ」と説得し、尊氏はようやく鬱状態から解脱して出撃を決心し、箱根・竹下で新田軍との戦いに臨んだ。

尊氏が前線に復帰して陣頭指揮を執ることとなった足利軍の士気は大いに昂揚し、箱根・竹下の戦いでは形勢は逆転して足利軍が有利となった。十二月十三日に新田軍は総崩れとなり、義貞は同月三十日に都に帰還した。足利軍はこの機に乗じてとばかりに、義貞を追撃するべく京都へ攻め上ってきた。

翌建武三年（一三三六）一月十日、淀川近辺で足利・新田両軍が激突したが、この戦いでも新田軍が敗北し、後醍醐天皇は比叡山に動座された。かくして、都は足利軍の手に陥ちることとなった。しかし、間もなく奥州から西上した北畠顕家が京都へ到着して戦況は官軍へ転じ、新田軍と楠木軍とがこれに合流して一旦は足利軍を京都から駆逐することに成功した。

五　楠木正成は足利尊氏との戦いに必勝できる自信があった

同年三月初旬、筑前国・多々良浜の戦いで、官軍の菊池武敏らに勝利した勢いに乗じ、尊氏は、持明院統の光厳上皇から新田義貞討伐の院宣を得ることに成功し、再び京都に向けて東進を開始する。尊氏はこの院宣を根拠に自身は逆賊ではなく、義貞こそが逆賊であると主張し、各地の武将に対して、義貞を討ち取るべく足利方への参陣を促した。

一方、義貞は尊氏を迎撃する為に西方へ下向し、その途上にある赤松円心の拠点である播磨を攻めることになるのだが、この際、義貞の出兵に遅れが生じた。義貞は鎌倉攻めの武功の恩賞として、後醍醐天皇近くに仕えていた女官で、当時宮中一の美女として名高かった勾当内侍《こうとうのないし》を天皇から下賜されている。その為、勾当内侍の色香に溺れて出陣に遅れが生じたとも囁かれているが、実際には病気を患い臥せっていたようだ。

いずれにせよ義貞の出陣は予定より随分と遅れが生じ、実際に播磨へ出陣できたのは三月の末であった。一方、多々良浜の戦いで勝利した尊氏は、九州での勢力を増強し巻き返していった。

義貞は赤松円心の籠る播磨国の白旗城を攻め滅ぼすべく城を取り囲み籠城戦に持ち込んだが、白旗城は一向に陥落しなかった。義貞が赤松攻めに約一カ月もの間、手こずっているうちに、九州で巻き返しを図った足利軍は都に向けて西から東へと進軍し、五月一日には厳島に到着、新田軍が引き付けられている播磨に着々と近付きつつあった。

義貞が苦戦を強いられている中、楠木正成は後醍醐天皇に比叡山へ動座頂いた上で、洛中に足利軍を閉じ込めて補給路を断ち、士気が下がったところで一気に攻め滅ぼすという必勝の策を後醍醐天皇に献言するべく、五月九日に一万余騎を率いて赤阪城を出立、途中、石清水八幡宮で戦勝祈願をし、五月十六日に入洛した。建武元年、正成は石清水八幡宮に於いて必勝を祈願し、その際に楠を奉納しており、その時の正成手植えの楠は石清水八幡宮の境内に現存している。必勝策の献策目的の上洛途中に石清水八幡宮へ参拝したことを見るに、正成の石清水八幡宮への厚い崇敬ぶりが窺われる。

入洛した正成はそのまま京都で戦うつもりであったし、必ず勝てる自信もあった為、嫡男の正行《まさつら》を伴っていた。息子の初陣前に、父の戦いぶりを見せておきたいという正成の親心である。

一方、新田軍は、五月十八日、進撃してきた足利軍と福山で合戦に及ぶ。この合戦で新田軍は敗れ、新田義貞、脇屋義助らは摂津までの退却を余儀なくされた。

新田軍が福山の合戦から退却した五月十八日同日、正成は御所へ参内し、自身の必勝の策を後醍醐天皇に献言した。これまでほぼ全戦全勝できた正成にとって、今回の足利討伐という難局もさしたるものではなかった。この戦いで、正成は播磨に向かうつもりはなく、京都まで足利軍をおびき寄せてから、これを迎え撃つという腹案を持っていた。洛中はさして広くもなく四方を山に囲まれており、洛中へ兵糧を届ける為の補給路となる主要な街道は限られている。その狭い洛中に足利の大軍をおびき寄せ閉じ込めた上で、洛中への補給路を断ってしまえば、足利方の数万という大人数の兵糧はたちどころに尽きてしまう。兵糧が尽きれば、兵の士気は瞬く間に下がってしまう。そうしたところで、四方から一気に洛中に向けて攻撃を仕掛ければ、餓えて士気の下がりきった足利方が何万いようが、恐れるに足らず、一網打尽にできる、というのが正成の必勝の策であった。当然ながら、京都が一旦は戦場とせざるを得ぬので、後醍醐天皇には再び比叡山に動座いただく必要があった。

この時の後醍醐天皇への拝謁は、正成のこの必勝の策を奏上するのが主目的であった。

ところが、正成のこの必勝の献策は、公卿らによって退けられてしまう。天皇が動座して数カ月と間もないのに、再び動座するということに公卿らが難色を示したのだった。殊に、坊門清忠が猛烈に反発したことにより、正成の参内当初は比叡山動座やむなしという流れであった朝議の潮目を変え、正成を湊川へ赴かせる聖断を後醍醐天皇に下さしむることとなってしまった。

正成の献策を退け湊川へ赴かせる聖断を下した後醍醐天皇に対する評価もまた、楠公崇敬者の中で様々に分かれるところであり、一般的な後醍醐天皇の評価を芳しくないものとしている点でもある。

六　正成の献策却下は民を見捨てて自分だけ動座はできないという民をひたすら想う後醍醐天皇の心によるものだった

後醍醐天皇の目指した建武中興の理念とは、本来あるべき国體への回帰であり、当然ながら後醍醐天皇自身による独裁国家を創るというものではなかった。建武政権も当然ながら朝議によって方針を決定していくのである。後醍醐天皇一人の意志に沿って決定されるものではない。朝議に出席する臣下らの意見を聴きつつ、民の安寧にとって最も良い方策を採択され、ご聖断を下されることとなる。そして、この場合、民の安寧を一番に願われる後醍醐天皇にとって、自身は安全な比叡山へ動座しておきながら、再び、洛中を戦火にまみえさせるなど、到底受け入れ難いものであったと思われる。元弘の変勃発時に御所から抜け出された後の潜幸先が二転三転したのも、奈良の都を焦土と化してはならないという後醍醐天皇の強い思いの為であった。何の為の建武中興であったのか、それは民の安寧の為であったという原点を見逃してはならない。

正成に対し、播磨攻めの聖断を下さねばならなかった後醍醐天皇の胸中は如何ばかりであられたかと察するに余りある。大切な臣下を失うかもしれない。しかし、民を守るという「公」の心から離れてはならないのが天皇たるお立場であり、正成への播磨攻めの勅命は苦渋の決断であられたであろう。正成の死後、後醍醐天皇は正成の生前の姿を木彫りの像として自ら手彫りされている。その木像は後に楠木氏の氏神である建水分神社に奉納され、同社摂社である南木《なぎ》神社の創祀へ繋がるが、正成を思い、その木像を彫られた後醍醐天皇のお辛い思いは胸に迫るものがある。決して、後醍醐天皇は専横的な愚帝などではな

後醍醐天皇を祀る吉野神宮
(奈良県吉野町吉野山)

かったのだ。

責められるべきは、その朝議に居並んだ坊門清忠を始めとした公卿らである。もちろん、悪意を以て正成の献言を退けた訳ではない。彼らの脳内に共通してあったのは、正成は戦の天才であり、どれ程の大軍であっても少数の兵で打ち破ってしまう無敵の武将という安直な決め付けである。千早赤阪での奇策によって鎌倉幕府の大軍を翻弄したということが余りにも鮮烈に脳内にインプットされていたのであろう。そんな無敵な正成であるから、今回の播磨攻めとて、普通の武将であれば不利だが、正成なら易々と打ち破るであろうという、戦を知らぬ公卿による甘い読みである。

千早赤阪での戦いは山稜の籠城戦を中心とし地形を活かすことができたからこその善戦であったが、播磨攻めは籠城戦ではないし、戦うのは平野部となり、敵の大軍と真っ向からぶち当たることとなる。そんなことすら想像ができない戦の素人である公卿らは、正成の献言に対して適格な判断ができるはずがなかった。公と民の為の決断か、単に戦の勝敗のみに特化した決断とするのか、その別すら無く、「無敵の正成だから今回も大丈夫」程度の考えしかなかったと思われる。天皇ただお一人が英邁であっても、その取り巻きが愚鈍であってはならないという歴史から学ぶ教訓である。

七　桜井の訣別に立ち会った人物が残した古文書から明らかになった楠公父子訣別の真実

播磨攻めの勅命が下され、正成率いる楠木軍一万余騎は湊川へ赴くべく、五月十八日に京を出た。その途上、京から西の播磨へ向かう東海道と、南方の河内へ向かう東高野街道の分かれ目にあたる桜井の駅に到着したのは五月二十一日夕刻である。京都市内から桜井の駅があった現在の大阪府島本町までは約二十キロしか離れていない。にもかかわらず、十八日に京を出立し桜井の駅まで三日も要している。

恐らくは、播磨攻めの勅命が下った瞬間に死を覚悟した正成は、まだ幼い正行を河内へ帰すことを決断したのであろう。自分と死を共にする兵を最大限に削って

桜井駅趾に建つ楠公父子訣別像

桜井駅趾（大阪府島本町桜井）

七百騎にまで絞り、残りの将兵は正行につけて河内へ帰すべく、将兵の選別の吟味をしていた為に日数を要したものと思われる。

二十一日夕方に正成と嫡男・正行は桜井の駅の街道沿いに屋敷を構えていた庄屋・清水正澄の館に宿泊し、将兵らはその周辺に野営した。清水正澄の館に入って間もなく、正成は正行を呼び寄せ、今回の湊川での合戦は戦死必至であり、そのような戦いに僅か十一歳の正行を連れていくことはできないので、一万余騎を連れて河内へ帰るよう諭した。どこまでも父についていくと言って聞かない正行に対して正成は、

「獅子は子を産んで三日経った時、数千丈

の断崖からその子を投げ落とすという。その子に獅子としての器量が備わっていれば、親が教えなくとも身を翻して、死ぬことはなく、再び這い上がってくる。ましてお前は人間であり既に十歳を過ぎている。父の死後、天下は必ずや将軍・尊氏の世になる。しかし、たとえ尊氏の世となろうとも、一時だけの命を助かろうとして、長年の忠節を捨てて降参することがあってはならない。我が一族や若党が一人でも生き残っているならば、金剛山の辺りに引き籠り、敵が攻め寄せてきたならば、命を懸けて立ち向かい、忠節を尽くせ。これがお前の行うべき第一の孝行である」

と諭したのだった。

八　桜井の駅で楠公父子が宿泊した庄屋「清水家館」

絶対に河内には帰らない、父と共に湊川で武門の嫡男として共に戦死をしたいと切望する正行は、正成からこの激烈なる薫陶を受けた。この父子の最後の対面の場に立ち会ったのは、正成の幼少期から守役を務めてきた恩智左近と、宿所の当主・

戦前の桜井駅趾の様子（倉田美春氏所蔵）

清水正澄であった。恩智左近は正成の父親代わりとして、その最期まで正成に付き従って共に湊川へ赴く覚悟であったが、正成から正行を河内へ連れ帰り、今後の正行の守役を務めることを申し付けられた。

正成を主君と拝む一方で我が子とも思い養育してきた恩智左近にとって、正成を残して河内へ帰るという役目はこれ以上無く残酷な命であったろう。しかし、目前で泣く泣く河内へ帰らされようとしている正行を見て、左近も主君から命じられた次なる大切な使命として正行を養育し、一人前の武門の棟梁に育て上げ、天皇の為に尽くすということを決心したのだった。

楠公父子を自らの屋敷に泊め、傍で立ち会っていた清水家当主・清水正澄は、父子と主従の様子を目前にして居ても立っても居られぬ思いに駆られ、父子の前で伏し拝んでいたという。後に、清水正澄は、暦応元年（一三三八）十一月、この時の父子訣別の様子を絵として描き留め、「楠公当家に於いて辞し　賢息正行と別れ　その図を模して遺せしむる　子孫後に鑑とするものなり」と賛文を付けて、清水家の子孫に託した。清水正澄が残した絵によると、楠木正成と恩智左近は兜を脱ぎ素足に、正行は直垂《ひたたれ》姿の少年として描かれている。楠公父子の訣別が清水家の邸内で行われたこと、そして、正行が当時間違いなく少年であったことを正澄の絵が証明しているのだ。

六百八十七年の時を経て尚、清水家のご末裔で現当主である倉田美春氏との縁は継承され、現在も、私が京都に赴いた際の常宿とさせて頂いている。

九　桜井の訣別時点で、楠木正成の嫡男・正行が十一歳であったことは真実だ

昨今の歴史学会では、桜井の訣別時、正行が既に成人し三十歳を過ぎていたとい

清水家当主・倉田美春氏と

楠公父子訣別図の賛文
(清水正澄筆・倉田美春氏所蔵)

楠公父子訣別図
(清水正澄筆・倉田美春氏所蔵)

楠木氏氏神・建水分神社
(大阪府南河内郡千早赤阪村水分)

う説が罷り通り、由って、正成が正行を河内へ帰した真意は楠木家の存続という保身の為であり、正行に成人後の忠義と報恩を諭して訣別したものではないと評される学説が説かれている。正行の年齢について異を唱えられるきっかけとなったのが、楠木氏氏神である建水分神社の大鳥居の木製の扁額の裏面に正行が署名したその筆跡である。

現在の建水分神社大鳥居に架かる扁額は宝永二年（一七〇五）、当時の前大納言・葉室（藤原）頼孝によって表書された金銅製のレプリカであり、正行奉納当時の木製のものではない。当時の扁額は傷みが進む為に外されて宝物庫に収蔵されており非公開となっている。通常非公開のこの扁額は、湊川の戦いから四年後の延元五年（一三四〇）に正行が奉納した神号扁額である。表面は建水分神社の社記によると「正一位　水分神社」という後醍醐天皇宸筆《しんぴつ》となっており、裏面には正行の自筆で「延元二年丑丁四月二十七日被奉授御位記　同五年辰庚卯月八日題額　草創之左衛門少尉橘正行」と書かれている。実はこの扁額の裏書の正行自筆の文字が、桜井の訣別当時の正行の年齢論争のきっかけとなった。桜井の訣別時の正行の年齢が十一歳であるなら、正行が建水分神社に扁額を奉納した湊川の戦いの四年後、正行は十五歳である。しかし、扁額裏書の正行の筆跡にしては老成し卓越した熟練過ぎる字であり、成人した字であるから、当時正行は既に三十歳近かったであろう、由って扁額奉納四年前の桜井の訣別時の正行の年齢は既に二十歳を超えており、正成と共に十分に戦える年齢であった。にもかかわらず、正成が正行を河内へ帰したのは、当時のその他の武門の倣いと同様の御家大事という保身の為であり、桜井の訣別というものは忠義の美談ではない、というのが昨今の歴史学者らの見解である。実際、老成した正行の筆跡とはどのような筆跡であるのか、建水分神社にて自身の目で、正行奉納の木製の扁額を拝見し確認させて頂いた。果たして、正行の筆跡は十五歳であれば十分に書き得るものであった。当時、当然ながら、筆記用具といえば筆しか無かった時代、たとえ子供であろうと物書きをする時は筆を使っていたのだから、筆書きに慣れておられても全く不思議ではない。ましてや、楠木家という武門の棟梁になるべく、然るべき教養と武道を身に付けるよう幼少期から英才教育を施されている。現代でも、習字の得意な小学校高学年にもなれば十分に書き得る文字である。この筆跡をどう見れば老成した三十歳以上の者にしか書けない文字と判断したのか、理解に苦しむ。全く議論にする程でもないことであるが、桜井の訣別に於ける正行の年齢について問題視される一因としては、戦後に歪曲された歴史観が災いしていると思われる。

十　楠公崇敬の気運は、正成自刃の直後に始まりＧＨＱ支配まで続いた

楠公顕彰の気運は戦前に突然沸き起こったものではなく、正成の殉節直後から既に生じた気運であった。しかし、一部の戦後の学者らは、戦時中に特攻やむなしという世論へと誘導する為に楠木一族の忠烈の事蹟に目を付け、楠公崇敬の気運を扇動し、これを利用した、と定義付けている。歴史の事実に照らしてみれば、楠公崇敬の気運とは突然に発生したものではなく、楠木正成という、当時の武門としては稀有の、「公」を重んじた高邁なる精神の武将の死と同時に生じたものであること

結城神社（三重県津市藤方）

は明らかである。足利方から著された『梅松論』に於いても、楠木正成の死に際して「誠に賢才武略の勇士とはこの様な者を申すべきと敵も味方も惜しまぬ人ぞなかりける」とあり、敵味方の別なく、自然発生的に全ての人々の心に正成を敬う思いが生じ、その死を心から惜しんだ様子がリアルに残されている。由って、わざわざ桜井の訣別時の正行の年齢を偽ってまで楠公父子を無理矢理に崇める存在にする必要は無い。戦後の偏向した歴史観により、楠公父子の真実の姿が捻じ曲げられてしまったことをとても残念に思う。逆に、扁額奉納時、既に楠木家の棟梁となっていた楠木正行は、僅か十五歳で左衛門少尉に任ぜられていたことから、当時の朝廷が楠木家を非常に重んじていたことが窺われる。後醍醐天皇の評価を貶めんが為なのか、殊、昨今に於いて朝廷が楠木家始め武門を軽んじていたとされる説も多いが、家紋として皇室と同じ菊の御紋を下賜されたこと、楠木正成の死後に後醍醐天皇自ら正成の木像を手彫りされたこと、正行が武門で十五歳としては破格の待遇である左衛門少尉に任ぜられている事等に照らせば、朝廷が楠木家を軽んじたということは決して有り得ないのである。

また、建武親政下、鎌倉幕府打倒に特に貢献した武将である楠木正成・結城親光・名和長年・千種《ちくさ》忠顕は建武当時、四天王と称賛され、楠木の「木」、結城の「城」、名和の地盤である伯耆国の「耆」、千種忠顕の「種」をとり、「三木一草」と称《たた》えられ、彼らが当時の武家らの羨望の的であったことは言うまでもない。

後に康永元年（一三四二）には、北畠親房が結城宗広の子・親朝《ちかとも》に七十通もの書状を送り、結城家を南朝側に付けておく為の活動を行っており、この事蹟からも、朝廷側が如何に丁重に武家に対応していたかが窺われる。親房が武家を否定し貶めていたとする説があるが、これは誤った認識である。親房が『神皇正統記』に於いても第一に述べているように、日本とは神国であり、神国の国體について当時の武門の多くが知識不足であった為に、国の正しい在り方が崩壊し、結果的に戦乱続きの世となったことを正し、安寧な国家運営を図るというのが親房の切実なる思いであり、建武中興の真の理念である。

第四章

後醍醐天皇・楠木正成が目指した「建武中興」とは「国體の中興し」である

一　民の安寧を第一とした後醍醐天皇の治世

保元から暦応に至る間の政権内での確執とその経緯を記した史書『保暦間記《ほうりやくかんき》』は、鎌倉末期の世相について「誠に関東の政道は正態なかりせば、あはれ公家の御世にや帰へらんずらむと諸人申しあへりけり」と記している。鎌倉末期の当時の人々が既に幕府の政治に失望し、天皇を中心とした世を待ち望んでいた世情が明らかになっている。また、後三条天皇の御代、延久元年（一〇六九）、荘園の券契《けんけい》を審議し整理することを目的とした記録所という朝政組織の枢要な機構を後醍醐天皇が復活させている。これは民の困窮を訴える声に応える機能を発揮するべく、記録所を長らくの廃絶を超えて再興させたのは、ひとえに民を思っての措置であるのは言うまでもない。更に、『太平記』によれば、商売往来の妨げになるとして、大津と葛葉以外の全国の関所を廃した。関所の廃止は物価の低下に繋がり、庶民は後醍醐天皇のこの措置を大いに喜んだ。大津と葛葉のみ関所を残したのは、葛葉が継体天皇の践祚された地であるということ、大津は朝廷の崇敬厚い日吉《ひよし》大社があるということから、単に都に入る軍事警備上の要衝という理由のみならず、都を鎮守する日吉大社と石清水八幡宮両社への崇敬の念が厚かったという後醍醐天皇の神祀り重視の理念の現れである。

後醍醐天皇の治世は更に続く。

元徳二年（一三三〇）五月、京都を飢饉が襲う。この折にも、後醍醐天皇は幕府の諒解を得た上で、東大寺が管轄する関役や勘過料《かんかりょう》を撤廃させ、庶民の救済を図った。また、庶民の苦しみを思われ、自身の朝餉《あさげ》を止められ、富裕層が米価を高騰させていることを知られ、検非違使《けびいし》に命じて売り惜しみしている米穀を点検させ、買い占めなども禁じ、公に定められた価格で厳正に米穀を売るように勅命を下した。

これらの後醍醐天皇の措置は民を思っての施策であるが、この史実についてはほとんど知る人はいないであろう。後醍醐天皇が自らの食事をも止められてまで民を思われたという点が現代歴史観に於ける後醍醐天皇像に反映されることはない。それどころか、己自身の野望、野心に満ちたギラギラした異形の天皇という後醍醐天皇像が定着してしまっている。楠公崇敬者であっても後醍醐天皇に対して芳しくない評価を下す人々もおられ、残念に思う。

二　歴代天皇が多くの御製を詠まれる意味

如何なることに於いてもいえることだが、何らかの行動を起こせば、そこに必ず、是否様々な評価を伴うことになる。

初代神武天皇に始まり今上帝に至るまで、歴代の天皇は皆、国家と民の安寧のみを願い祈りを捧げられてきた。そして、祈りの一つとして、歌を詠まれた。第十六代仁徳天皇の歌に「高き屋に　のぼりて見れば　煙立つ　民のかまどは　賑わいにけり」という有名な歌がある。仁徳天皇は即位された年、難波高津宮へ都を移された。その四年後、民家の竈《かまど》から米を炊く煙が上っていないのをご覧になり、民の生活が苦しいことを悲しまれ、この後の三年間、租税を免除とされた。また、仁徳天皇は、再び民の竈から煙が立つまではと、その間、御所の茅葺屋根の葺き替えも止められ、ご自身も質素な生活に努められたのである。後醍醐天皇の元徳二年の事蹟は、仁徳天皇の事蹟を彷彿させる。

民を思われ公を重んじられるのは全ての天皇に共通される理念であった。だからこそ、仁徳天皇の「民の竈」の歌に代表されるように、歴代天皇は皆、民を思われる歌を数多く残されているのだ。一方、民を救わんとして自ら実際に行動を起こされた天皇は数える程である。後醍醐天皇はその数少ない天皇のお一人であり、その典型である。私は後醍醐天皇をして「異形」などと評するのには違和感を禁じ得ないが、敢えて一つ、異形とされる点があるならば、神事と歌によって民を救おうとされてきた他の天皇方とは違い、天皇自らが民の為に行動を起こされたという点に尽きる。

後醍醐天皇の建武中興にかける思いの真髄を詠まれた歌がある。

「世治まり　民安かれと　祈るこそ　我が身につきぬ　思ひなりけれ」

後醍醐天皇が国家の平穏と民の安寧とを切実に祈り願われたことが如実に表された歌であるが、不思議にもあまり取り上げられることがない。歴代天皇は祈りを以て民を救おうとし、後醍醐天皇は祈りのみならず自らが民を救う為の行動を起こした。良きにつけ、悪しきにつけ、何かの行動を起こすということは、それに伴い、多くの人々が絡むこととなり、その結果、賛否両論の議論を巻き起こす。

ただ一つ、間違いのない真実、それは、国家と民の安寧の為に国體の中興を果たすということこそが後醍醐天皇の目指された親政の根本的理念であったということである。

三　二つの皇統が並び立った時代

万世一系が国是である日本の歴史に於いて、二つの皇統が並び立った室町時代初頭の南北朝という時代は、我が国の国體が崩壊せしめられていた時代といっても過言ではない。当然ながら、両統を並び立たせたのは、天皇のご意思も三種の神器の神威も無視して自身にとって都合の良い傀儡《かいらい》の皇族を三種の神器継承の儀も行わずして「天皇」として奉じ、北朝なるものを樹立せしめた足利尊氏である。しかし、その火種を作ったのは実は令和四年度ＮＨＫ大河ドラマ『鎌倉殿の13人』の主人公となった鎌倉幕府第二代執権・北条義時である。彼は承久の変の戦後処理として、臣下の身分、ましてや幕府の執権職に過ぎない立場でありながら、三名の上皇、二名の皇子を流罪に処したのみならず、こともあろうに皇位継承にまで介入し、両統迭立の芽を作った張本人であり、日本の国體を崩壊させた人物の一人である。『鎌倉殿の13人』で悪辣な上皇として描かれた後鳥羽上皇の真実も全く異なる。

承久の変は承久三年（一二二一）五月十四日、幕府の恐怖政治による圧政に苦しむ人々を見かねた後鳥羽上皇が義時らの圧政から人々を解放せんが為に自ら立ち上がり承久の変の勃発、後鳥羽上皇の挙兵に時の天皇・順徳天皇も大いに賛同し、自ら皇太子の懐成《かねなり》親王（仲恭《ちゅうきょう》天皇）に譲位し天皇よりも身軽な立場と思われてなのだろうか、上皇となられてからこれに参戦した。この戦乱は約一カ月後の六月十四日は宮方が敗北という形で幕府によって鎮圧され、主導した後鳥羽上皇は隠岐に、順徳上皇は佐渡島への流罪に処せられた。後鳥羽上皇の第一皇子・土御門上皇は後鳥羽上皇の挙兵には全く関与しなかったが、父である後鳥羽上皇や叔父である順徳天皇が流罪となられたのに、自分だけが安穏と都で暮らすなど到底できないと思われ、自らが望まれ、土佐国へ流罪という形で下向された。後鳥羽上皇の皇子・雅成《まさなり》親王、頼仁親王も連座させられてそれぞれ但馬国、備前国に流罪とされた。後鳥羽上皇に与した順徳上皇から皇位を継承された仲恭天皇もまた、順徳上皇の息がかりとして幕府に目を付けられ幕府によって退位させられた挙句、幕府は後鳥羽上皇の直系後裔の系統は今後一切、皇位の継承を認めないという厳しい姿勢を示した。そんな幕府が次の天皇として擁立したのが、後鳥羽上皇の兄の系統となる守貞親王の三男・後堀河天皇だ。後堀河天皇は先帝の仲恭天皇が廃位させられた当日である承久三年（一二二一）七月九日に立太子礼すら行わないまま、僅か十歳であったにもかかわらず急遽幕府によって践祚させられ、同年十二月一日に即位された。

四　承久の変の後、朝廷を意のままに操ろうとした鎌倉幕府

かくして、承久の変後、幕府は皇位継承に徹底的に介入していくことになっていった。天皇以上の権力を掌握した執権北条氏に保身の為におもねる公卿も頻出、

様々に暗躍して朝廷内までもが権謀術数の渦にまみれていった。そんな陰鬱とした朝廷に身を置かれていたからか、後堀河天皇は病気がちになられていき、御歳二十歳の若さにして貞永元年（一二三二）十月四日には御歳僅か二歳の第一皇子に譲位、同年十二月五日に四条天皇として即位された。更に悲劇が続き、四条天皇は僅か十二歳で突然崩御されてしまったのだ。まだ十二歳であられたので、当然ながら皇位継承上位となる子女はおられなかった。その為、幕府内は次の皇位継承者を誰にするかで議論が沸騰、この問題はかなり難航することとなる。何故なら、後鳥羽上皇の直系後裔には皇位を継承させない方針を幕府自体が強く押し出していたからであり、限られた皇族の中から幕府の傀儡として大人しく収まってくださる皇族を即位させねばならないからである。順徳上皇の皇子・忠成王を推挙する声もあったが、時の執権・北条泰時らは承久の変の加担者に関係した皇子擁立には断固反対した。

　結果、幕府が目を付けたのが、承久の変に一切関与していなかったにもかかわらず自ら望んで土佐に下向してしまった土御門上皇の皇子・邦仁王である。邦仁王は仁治《にんじ》三年（一二四二）三月十八日に即位された。後嵯峨天皇である。後嵯峨天皇の御代も同様に公卿らが幕府に媚びへつらわねばならない朝廷内の様相であった。時は承久の変の直後である。

幕府は朝廷に対してこれまでになく警戒心を強めている。たとえ天皇であろうが上皇であろうが幕府は容赦しないということが承久の変の戦後処理で宣明されたも同然の状況だった。幕府に睨まれたら最後、朝廷は徹底的に弾圧されるであろう局面にあり、朝廷の存続は空前の灯であった。

そんな中、国體の存続を危惧されたのが後嵯峨天皇である。

後嵯峨天皇は歴代天皇の中でも非常に政治的手腕に長けた天皇でいらっしゃった。当時、源氏将軍は既に三代で絶え、新たに四代目の将軍として摂家・九条家の藤原頼経、続いて五代目の将軍にその嫡男・頼嗣が就いていたが、後嵯峨天皇は摂家将軍の代わりに自らの第一皇子・宗尊《むねたか》親王を将軍として幕府内に送り込んだ。更に、幕府と蜜月関係にあった数少ない公家・西園寺家と婚姻関係を結ぶことで幕府との均衡した関係性を保つことにより安定した国家運営を図ろうと苦心されている。後嵯峨天皇の政治的な判断により、即位されてから僅か四年後の寛元四年（一二四六）には、皇子の久仁親王に譲位している。そして、自らは上皇となって院政を敷き、世は後深草天皇の御代となるが、それも束の間。後深草天皇は生来、病気がちであられたことを理由に、後深草天皇に皇子がおられたにもかかわらず、幕府から後嵯峨上皇を介して、一時的に後深草天皇の弟宮へ譲位するべく働きかけが行われた。

五　幕府が皇位継承に介入し、皇統は大覚寺統と持明院統に分断される

後深草天皇の弟が後の亀山天皇として即位され、後深草天皇は上皇となられた。実はここに幕府による皇統解体の恐るべき仕掛けがあったのだ。

後深草天皇、その弟・亀山天皇のいずれにも皇子がおられた。文永五年（一二六八）、再び幕府は御嵯峨上皇に働きかけ、上皇からの指示という形式のもと、後深草上皇の皇子の存在をすっ飛ばし、後深草上皇の弟である亀山天皇の皇子が立

旧嵯峨御所大覚寺門跡（京都府京都市右京区嵯峨大沢町）

太子されることとなったのだ。病身であるから一時的に皇位を弟に譲り、次代は再び自身の皇子が皇位に就くと諭されたはずであった後深草上皇側にすれば、亀山天皇の皇子立太子は甚だ道義に悖《もと》る御沙汰として、後深草上皇の皇統と、その弟・亀山天皇の皇統との間に深い禍根を残すこととなる。挙句、このような皇室内がギクシャクした状況の中、同年二月、後嵯峨上皇が崩御されるのだが、問題は後嵯峨上皇が残されたという「今後の皇位継承については全て幕府に委ねる」なるご遺言である。幕府に盾をつけられぬ中で発せられた後嵯峨上皇のご遺言であることは当然加味せねばならない。幕府は後嵯峨上皇のこのご遺言を笠に着、更に皇位継承への介入を進めていった末に、亀山天皇の次代の天皇として、後深草上皇、亀山天皇兄弟どちらの皇子を皇位に就けるか決めかねるので、それぞれの皇統子孫の間で十年程度を目途に交互に皇位を継承するという裁定を下したのであった。この幕府の裁定こそが、皇統の万世一系という形が崩れ、皇統が二系に分裂した瞬間であり、つまり、我が国の国體が崩壊した瞬間であった。

ここから、皇統は亀山天皇の皇統である大覚寺統と、後深草上皇の皇統である持明院統の二系に分かれ、南北朝の動乱という長い戦乱の世へと繋がっていくことになる。

大覚寺統の名の由来は、亀山天皇の皇子・後宇多天皇が出家後に嵯峨野の大覚寺に於いて院政を敷かれたことによる。

一方の持明院統は、平安時代後期に鎮守府将軍を務めた藤原基頼が邸宅内に建立した持仏堂「持明院」に由来する。後堀河天皇の生母が、家号を「持明院」に定めた基頼の子・通基の娘であったので、後堀河天皇は第一皇子・四条天皇に譲位後、院政を敷き「持明院宮」と称された。持明院は後嵯峨上皇・後深草上皇の退位後の御所となり、その後も後深草天皇の皇統である伏見天皇・後伏見天皇・花園天皇・光厳天皇は皆譲位後、持明院を御所として院政を敷いたことから、後深草天皇の皇統は持明院統と称されるようになった。

六　国體の喪失が和を乱し争乱を招く

元来、一系であった国の枢軸が二つに分かれることにより、朝廷内もまた、それぞれの皇統に分かれ、廷臣同士が互いに反目し合い、排斥し合うという泥沼の争いの様相を呈していった。人々の俗と邪心にまみれた中で、権力闘争の中に置かれた挙句に皇統が二つになってしまったことにより、天皇の威光も貶められることになる。ひいては、皇室の弱体化に繋がる訳だが、ここが幕府の狙い目であったといえよう。

元々は、伊豆の田舎の小豪族に過ぎなかった北条氏であったが、源頼朝を娘婿にとったことによって、源氏将軍の執権という、突然の、そして破格の出世の道を手に入れた。しかし、そのうち、将軍家の執権というだけでは収まらない程に北条氏の野望は広がっていった。結果として、源氏三代を自らの手で滅ぼすことにより、鎌倉幕府政権下での事実上のトップの座を手にしたのだ。源氏滅亡後、摂家から将軍を迎えたとはいえ、所詮は幕府の傀儡として都合良く迎えただけのことである。朝廷も将軍も有名無実と化し、執権職が全国のトップとなり君臨した。第二代執権・北条泰時によって制定された御成敗式目の第一条に「神社を修理し、祭祀を専らにすべき事」とあるが、御家人らにとっての神社とは鶴岡八幡宮のことしか念頭に無く、伊勢の神宮に対して、ひいては、天皇というご存在の本義は理解できていなかったのである。

承久の変で、とんだ煮え湯を飲まされた幕府は、二度と、朝廷が幕府に盾つけぬよう、徹底的に皇室の権威を弱体化させんとばかりに朝廷の弾圧に躍起になった。

皇族を次々に島流しにし、皇室を北条氏の前に跪かせただけでは飽き足らず、なんなら、皇室そのものすら消失してしまえとばかりに、皇統を二系に分断し、相争わせてその権威を削いでいった。日本から天皇という存在がなくなれば、北条氏が完全なる日本の君主になれるからである。

幕府の皇位継承介入による両統迭立の施策は、そこまで考え抜かれた北条氏の恐るべき謀略だったのである。そして、この恐るべき陰謀にいち早く気付いたのが後鳥羽上皇であり、国體崩壊ともいうべき大それた陰謀に終止符を打とうと奮起された。そしてその遺志を引き継がれたのが後醍醐天皇であり、後醍醐天皇を無私の心で支えた人物こそが楠木正成だったのである。

七　「後醍醐」という名に込められた意味

後醍醐天皇の諱は「尊治」という。この諱は、後鳥羽上皇の諱「尊成《たかひら》」の「尊」を頂いて付けられたものである。これは、後醍醐天皇が後鳥羽上皇の遺志を継ぐという強い意志の顕れであった。ちなみに、後鳥羽上皇の諱は、後三条天皇の諱「尊《たか》仁《ひと》」と村上天皇の諱「成明《なりあきら》」とを合わせて「尊成」とされた。

また、後醍醐天皇の目指す治世とは、醍醐天皇の延喜《えんぎ》の御代の復古を理想とした。「〇〇天皇」とは、慣例として崩御後の諡号《しごう》であるが、後醍醐天皇は生前の在位中から「後の醍醐」たらんことを自覚し「後醍醐」と称された。その意志とは、必ずや醍醐天皇の延喜の治世の復興を成し遂げるという固い決意の顕れであった。

後醍醐天皇が理想として掲げ目指されたのが延喜・天暦《てんりゃく》の治である。

神武天皇御即位による本朝開闢以来、日本は天照大神の男系子孫にあたる皇統から天皇が即位され、その天皇を中心として行われる皇祖神を祀る神祀りが国家組織の基軸であった。確立された「公」という王道政治の精神のもと、公地公民の根本理念のもと班田収授法が布かれた。崇高なる理念のもと施行された班田制であったが、年月を経、班田制は崩壊、藤原摂関家が膨大な荘園を有していき、元来の国の在り方が崩れていった。

古来の国家の在り方に復するべく、延喜・天暦の御代、摂政・関白を置かなかった。摂政・関白の権力行使の抑止と祭政一致という政治体制が具現化されたことに、延喜・天暦の治世の我が国政治史上の大きな意義が求められる。つまり、天皇親政の時代である。国政の要は「律」と「令」となり、延喜式を定め、祭政一致という国政が行われた。この政治体制により、天皇の神徳は更に深まり、世は安寧となった。

八　天皇による神祀りを中心とした祭政一致体制から、血で血を洗う武断政権へ

しかし、平安末期、この体制が崩れていく。

保元・平治の乱の勃発である。

この大乱によって、世は天皇による神祀りの時代から、武家による武力闘争の時代へと転換、鎌倉幕府の台頭へと繋がっていく。世は武力による御家人同士の権力闘争の時代となり、安寧の世から争乱の時代となってしまう。

武断政治を行う武家政権に対して、激しく反発したのが後鳥羽上皇であった。武家が政権を握ってからは庶民の安寧な生活は崩壊し、戦乱の世となってしまったか

らである。民を最も大切に思われる天皇というお立場だからこそ、この幕府の体制には我慢のならぬものがあったのであろう。

建久九年（一一九八）、後鳥羽天皇は譲位されて院政を敷き、幕府による政略結婚によって義兄弟となった鎌倉幕府三代将軍・源実朝とは昵懇《じっこん》であった。しかし、執権・北条義時による恐怖政治のもと、実朝は傀儡に過ぎず、後鳥羽上皇のご意思に従わんとする実朝を悉く排除した。北条をトップとした武断による徹底した封建社会を目指していた義時にすれは、武家の上に君臨する天皇という存在と近しい実朝の存在は相当疎ましく、建保七年（一二一九）、北条氏にけしかけられた公暁によって実朝は暗殺される。後鳥羽上皇にとって、幕府内の唯一の理解者が消え、もはや朝廷と幕府との意思疎通が不可能となった。

かくして、承久三年（一二二一）五月の神国日本たる我が国にとって最大の汚点ともいうべき承久の変へと繋がっていく。

自分達が権力の座にあり続ける為には実の親、実の子であろうとも自らを脅かす存在であれば一切容赦もせず、場合によってはその命すら易々と奪ってしまう義時と政子両名の権威は、その想像を絶する恐怖政治によって盤石なものとなり、朝廷を凌駕するものとなった。壮絶なまでに醜い内紛を繰り返す現状を見かねて、後鳥羽上皇が悟られたのは、「日本国二に分かるる事をばしをかん。是は如何にも有るまじき事」、つまり、国の中心は一つでなければならぬということであった。承久の変とは決して、後鳥羽上皇の個人的な我欲や私心を以て起こされたものではない。

九　源氏から政権を乗っ取った北条氏による恐怖政治

後鳥羽上皇による承久の変以降、幕府による朝廷への圧力は更に激しいものとなっていった。朝廷に対してのみならず、御家人に対する締め付けも同時に激化していった。全ては北条氏一強の世とする為である。

元々、鎌倉幕府の組織は極めて単純で、将軍とそれに仕える御家人とで構成されていた。北条氏もいわば御家人の中の一つに過ぎない。当然ながら、北条氏以外にも多くの有力御家人がおり、彼らもそれぞれの役職を与えられていた。北条氏は御家人の一つに過ぎないとはいえ、初代将軍・源頼朝と外戚関係を結んでいたことは、明らかに他の御家人よりも遥かにリードした立場にあったのは当然である。頼朝の流人時代から彼を支え生活全般の面倒を見、頼朝の父の仇である平氏討伐を助け、遂には征夷大将軍にまで押し上げた。いずれも北条氏の助けが無ければ成し遂げられなかったことであるから、「鎌倉殿」となってからも頼朝は北条氏に頭が上がらなかった。

頼朝の死後、二代将軍・頼家、三代将軍・実朝は次々に暗殺され、頼朝の直系は断絶し、将軍を新たに摂家、その後は皇族から迎え、形骸化した地位とし、実権は執権の北条氏が握った。更に、北条氏の独裁体制を確立するべく、その他の御家人達を次々と滅ぼし、幕府の要職のほとんどを北条氏で独占した。北条氏による血で血を洗う御家人への粛清の嵐が吹きすさび、幕府内は陰惨な猜疑《さいぎ》心にさいなまれた様相となっていった。更に、初代執権・北条時政の嫡流で執権を務めた血統に対して、北条氏自ら「得宗家」という名称を付け、最高階級に位置付けた。これにより、北条得宗家による専制体制が確立され、他の御家人を圧倒した。かくして、北条氏は源氏にとって代わり、鎌倉幕府内で最高位に就くことになる。

頼朝の鎌倉開府以前は伊豆の小豪族に過ぎず、開府後もその他の御家人と同列であった北条氏が、卑劣な手を使い最高位に昇りつめていった。

しかし、恐怖支配による北条政権の均衡が遂に揺らぐ時に至る。文永十一年（一二七四）と弘安四年（一二八一）との二度に亘る元の襲来である。蒙古軍は二度共に神風によって撤退した。問題となったのは戦後の恩賞である。幕府は、土地を介して御恩と奉公という主従関係が成り立っていたが、元の襲来については外国と戦ったので、御恩として与える所領が無かった。これによって御家人の不満が一気に噴出した。つまり、恐怖下の主従の忠誠として物的な要素しか存在しておらず、精神性は皆無であった。国家を守り抜いたという誇りや喜びは瞬時に失われ、御恩としての所領が与えられない不満のみが御家人の間でくすぶっていく。長年の北条氏による恐怖政治によって抑えつけられていた御家人達の間で生じたこの不協和音は、やがて一気に北条氏打倒への大きな潮流と化していく。

その前兆が正中の変である。

事件勃発に先立って、後醍醐天皇は中宮で、前太政大臣西園寺実兼の娘・西園寺禧子の御産祈祷を行った。この御産祈祷が実は幕府調伏の祈祷であると幕府から嫌疑をかけられたことが正中の変の黎明である。

十　何故、建武の中興は僅か二年で崩壊したのか

男子として生を受けたからには、望むものは「名誉」と「実利」のいずれか、又はそのいずれをも、という者もいる。本朝開闢以来万世一系の皇統を仰ぐ神国日本に於いて、天皇のもとにある民もまた、それぞれに天照大神を中心として仰ぐ八百万神の神裔に他ならない。これが我が国の国體であり、民にとっての哲理である。それ故、名実共に極めんとする場合に於いても、当然ながら日本の国體に沿った哲理のもとで遂行せねばならない。しかしながら、その国體と哲理に反してしまったのが、当時の多くの武家であった。反したというよりは、自国の国體について無知であったという方が妥当かもしれない。日本という国が天皇を中心とした神

祀りのもとで営まれる神国である事を理解していなかったのだ。当然ながら、後醍醐天皇の国體の再興という理念についても理解できるはずがない。鎌倉幕府側についていた御家人らの中で、戦の途中から治天の君に奉ずるとして宮方に転じた者とは、宮方に利あり、とみて、戦後の恩賞目当てで馳せ参じたに過ぎなかった。非常に下衆極まりない思考であるが、残念ながら当時の武家のほとんどがそのような有様であった。その為、戦功の恩賞は当然必要であるということで、新政府は「恩賞方」を設けた。恩賞といえば官職と土地ということになるが、特に土地についてはその管理権限などに関して今も昔も変わらず何かと紛争を生ずるものである。建武政権下にあっても例外ではなかった。恩賞として与えられた所領を巡っての訴訟が増大していったのである。政府は雑訴決断所を設けて所領を巡る錯綜した訴状の収拾に努めた。しかし、所領安堵に関しての訴えが収まることはなく、日ごとに混乱は増大していった。これ程までに恩賞に関しての紛争が逼迫した最たる理由は、つまるところ、人々の私心に他ならない。後醍醐天皇の目指された建武中興の理念は誠に尊いものであったが、人々の心はその尊さとは全く乖離《かいり》したところにあったのである。

そんな中にあり、一人、楠木正成だけは違った。彼が与えられた官職は左衛門少尉というさして高くはないものであったが、正成には全くの私心がなかったので、謹んでその官職を拝受した。一方で、河内・和泉の守護に任ぜられた。河内・和泉は都から近く、正成が如何に重んじられていたかは推して知るべしである。

十一　湊川の戦い直前に究極の悟りを開いた楠木正成

坊門清忠の反対意見によって献策を退けられた正成は、迫りくる足利軍を迎え討つべく、兵庫に下向した。

途中、五月二十一日、桜井の駅にて同行していた嫡男の正行に二千騎をつけて河内へ帰し、自身は残りの六百騎を率いて二十四日、兵庫に到着し、義貞の軍勢と合流した。正成は義貞と合流したのち会見し、義貞に朝廷における議論の経過を説明した。

醫王山廣厳寺（兵庫県神戸市中央区楠町）

湊川の地に到着して間もなく、正成は醫王《りおう》山廣巖《こうごん》寺に参拝し、廣厳寺を開山した明極《みんき》禅師と面会している。

醫王山廣厳寺は寺伝によると臨済宗南禅寺派下の別格地にして、元徳元年（一三二九）、後醍醐天皇の勅願により創建された寺院である。開山は支那（当時の大元国）の僧・明極楚俊《そしゅん》で、学徳兼備の誉高い名僧であった。元亨元年日本に渡来し、博多から上陸して崇福寺に入り、大宰府、筥崎八幡宮へ参拝してから、豊後飛田の岳林寺で一年余り過ごした後、元亨三年（一三二三）に京都建仁寺に入り、同年三月に後醍醐天皇に召されて参内し、紫宸殿にて後醍醐天皇に拝謁した。以来、北条高時を始めとした幕臣、赤松円心など、朝廷側、幕府側のいずれからも帰依を受け、何よりも後醍醐天皇から厚い信頼を寄せられた僧であった。正成も明極禅師に帰依した武将の一人である。

湊川に入った正成は明極禅師に対して、決戦を直前に控えての苦しい胸の内を打ち明けるように禅問答を交わした。

その時の詳細は醫王山廣厳寺の開山明極禅師の行状を醫王山第二世鐵堂楚心和尚が著した『明極行状録』に克明に記録されている。

「建武三丙子年河攝泉三州太守橘姓正成綸命を奉じて五月十六日帝城をして湊川に到着し、軍旅を當山の麓に屯す。一日禅師に參見して問ふて曰く、生死交謝の時如何ん、師曰く、兩頭俱に裁断して一剣天にて寒し。正成曰く、落處作生、師威を震つて一喝、正成起立三拝、通身汗流る。師曰く、儞徹せり矣、正成曰く、來つて和尚に見へざれば、安んぞ超出することを得ん。正成琉璃殿内に入って醫王を拝して、香火の縁を結んで出づ。禅師門送す。」

明極禅師と正成との禅問答のやりとりを要約すると次の通りである。

正成は明極禅師に「生きるか死ぬかという時、一体、どうしたらよいのでしょうか。」と問うた。正成は湊川に向けて出陣することが死を意味することであると悟っていた。だからこそ、桜井の駅で嫡男・正行を河内へ帰し、訣別してきたのだ。既に死ぬ覚悟は出来ている。その上で、いよいよ自身が死する決戦の日を翌日に迎えたところで、正成の脳裏をよぎった迷いである。この正成の問いに対して明極禅師は「生きるか死ぬか、そんなことはどちらでもよい。要はやるべきことをやればよいのだ。」と答えた。一見軽い内容のやり取りのように思われるかもしれないが、「明日死ぬ」ということが確定した状況の中でのやり取りであるから、当然ながら、非常に重いやり取りである。正成が更に明極禅師に「つまり、どうしたらよいという意味でしょうか。」と聴き返したところ、明極禅師に「喝!」と一喝された。現代語的に言えば「馬鹿野郎!」といったところであろうか。この禅問答を行う時点で、既に正成の肚は決まっていた。その上でのこの禅問答である。つまり、明極禅師は正成の既に決した覚悟を重々に理解していたのだ。だからこそ、明極禅師の「生きるか死ぬかはどちらでもよく、とにかく己の為すべきことを為せ。」との答えに「つまりどうしたらよいのでしょうか。」と聴き返した正成に対して、「既に自分の為すべきことへの覚悟は自分の中で決まっているだろう。そのまま突き進め！」と一喝したのであった。

明極禅師による渾身の力をこめた一喝を受けた正成は、即座に起立し三度拝した。その全身からは汗がしたたっていた。その様子を見て明極禅師は正成が真に悟りを開いたことを知った。正成は、「和尚にお会いしなければ、自身を超越することはできなかっただろう。」と言い、廣厳寺内の琉璃殿に入って醫王を拝して焼香し、仏縁に祈りを捧げて廣厳寺を後にした。

十二　湊川の戦いに臨んだ楠木正成の秘策

その日の夜、つまり湊川の戦いの前日である二十四日の夜、義貞と正成は酌み交わし、互いに肚を割って思う存分に語り明かした。この時、義貞は竹ノ下の戦い以降連敗を喫していることへの罪悪感に苛《さいな》まれる中、今回の戦いに於いて、総大将

会下山山頂の大楠公湊川陣之遺蹟（兵庫県神戸市兵庫区会下山町）

の重責を負った辛く苦しい胸の内を正成に明かした。そして、自分は今度こそ、玉砕覚悟で戦いに臨むつもりであることも正成に伝えた。正成は義貞が鎌倉幕府を滅ぼす為の最大の武功を挙げたことや、尊氏を九州に追いやった武勲等を褒め称えて、義貞に「貴方はまだ若く、私の戦死後にがら空きとなった帝をお守りする役目が貴方にはある。自分が盾となるから、機を見て都へ撤退せよ。帝の為に、絶対に玉砕等考えるな。」と諭した。

明けて合戦当日、二十五日の午前八時頃、海からは足利尊氏が率いる軍が湊川に到達し上陸、新田・楠木連合軍と対峙する。一方、陸からは足利直義が率いる大軍が西国街道から湊川へ攻め上ってきた。

新田義貞は海から攻め寄せる足利軍を迎え討つべく、弟の脇屋義助始め諸将と共に、和田岬を中心とした海岸線に約二万五千騎の兵で布陣した。楠木軍は、七百余騎で湊川西方の会下山《えげやま》に本陣を敷き、陸地から攻めてくる直義軍に備えた。

陸海双方から挟み討ちをするように進軍し湊川へ到達した尊氏・直義連合軍は、「かかれ！」とばかりに、尊氏の水軍部隊が太鼓を打ち鳴らして鬨の声を上げ、直義の陸軍部隊がそれに呼応して鬨の声を上げた。一方、官軍である新田・楠木両軍も楯や弓を鳴らして鬨の声を上げた。鬨の声は現在の神戸市中に響き渡る程のものであったという。

義貞は正成との前夜の打ち合わせ通り、都への退路を窺いつつ和田岬から西方へ転戦し生田森へ兵を進めた。そして、正成の策略通り、新田軍がいなくなった和田岬から、尊氏軍が上陸してきたのだった。これを見定めた正成は、それまで本陣で静観していたが一転、会下山の麓まで攻め寄せてきていた陸軍部隊の直義軍に対して、突如として激しい突撃作戦を繰り出した。突撃は通常、戦いの最後の決戦時の一度程度しか行われないのが定石であるので、直義軍は突然の楠木軍の猛攻に相当ひるんだようだ。直義軍は後退を余儀なくされた挙句、本陣まで攻め寄せられて、危うく大将の直義自身が討たれる間際まで直義軍は追い詰められた。直義軍の危機を知った尊氏軍は西方へと向かう新田軍を追うのを止め、直義軍の援軍として会下山に向かった。

かくして、正成の策略通り、尊氏・直義両軍を楠木軍に引き寄せることにより、義貞を都へ帰すことに見事、成功したのだった。

十三　湊川の戦いで新田義貞が撤退したのは楠木正成の指示によるものだった

新田軍を都へ帰すという湊川合戦の目的を無事果たした正成は、もはや思い残すことは無いとばかりに、午後から更に激しく突撃を繰り返した。楠木軍の突撃は通算十六度も行われた。ほぼ断続的に突撃を繰り返したことになる。足利軍は大軍であるとはいえ、楠木軍の玉砕覚悟の捨て身の突撃作戦にはさすがに恐れを成したであろう。

新田義貞が楠木正成を見捨てて逃げたなどと論ずる歴史学者もいるようだ。しかし、殊、義貞が正成を見捨てて逃げたという理論は平和に溺れた現代的視点の上でしか成立しない。彼らは生まれ落ちたその瞬間から武人として育てられ、武人として生きてきた。ましてや、武門の棟梁である。現代では、戦争といえば血を見ることのない経済戦争や情報戦争ばかり。戦後のＧＨＱによる日本解体の目的を持って行われた戦後政策という名のもとの占領政策により、核家族こそ美学だという観念を植え付けられ、日本古来の大家族は崩壊した。大家族が普通であった時代は、間近に接してきた先代の死を目の当たりにするのは普通であったが、核家族化された現代では身近な人の死に直面する機会はほとんど無くなった。近親者の死に直面した時、人は必ず何らかの死生観を持つ。如何に生き、如何に死するべきか、死に様とは如何にあるべきか。ましてや、楠木正成や新田義貞らが生きた時代は動乱の時代であり、武人である彼らは死と隣り合わせで生きている人達だ。生き様、死に様に武門の誇りがかかっていたし、その誇りを護持する為に生きるのが武人の魂であった。そんな武人が、共に戦っている将を無様にも見捨てて逃げるなど、そんな観念など皆無であったろう。当時の武人を舐めてはならない。歴史を顧みる時、必ず同時代視点に立って史実を諮らねばならない。平和に安住し人の死にもほとんど直面することのない現代人とは覚悟が違い過ぎる。楠木軍と分断され後退を余儀なくされた新田義貞はやむにやまれぬ思いであったろう。この戦いは国體を死守する戦いである。その本義を全うすべく新田義貞は東へと後退せざるを得なかった。そして、楠木正成も、新田義貞のその思いは十分に理解していた。それどころか、正成は新田軍を東へ撤退させ京へ向かう退路に導くことこそに、湊川合戦の照準を合わせていた。東へ撤退していく新田軍を見た正成は、「新田よ、よくぞ決意してくれた」と頼もしくすら感じたであろう。新田軍の東への撤退を見定め、これでようやく今回の戦いの目的は達成したと安堵した正成は、その任務終了の態勢へと移行する。つまり、楠木軍の玉砕である。その為に率いていた将兵一万一千余騎のほとんどは桜井の駅で嫡男の楠木正行に託して河内へ帰し、正成自身は玉砕を覚悟した古参の将兵ばかり僅か七百余騎のみを率い、この合戦に臨んだのだった。

午前八時から始まった戦いは約六時間に及んだ。湊川の戦いが行われた旧暦・五月二十五日とは、新暦では七月十二日となる。夏の盛りの炎天下、鎧兜を身に纏い、十六度もの突撃を敢行した楠木軍の様子はまさに鬼神が憑《の》り移ったかのようであった。突撃を繰り返した楠木軍は、午後二時頃には僅か七十三騎になった。

十四　巨星墜つ～楠木正成の殉節とその詳細～

正成は、自刃の頃合いを見計らっていた。そろそろよいであろうと、残った七十三騎を率いて最期の地へ向かう。

『太平記』と『明極行状記』とに照らして、正成及び一門の最期の様子を解釈すれば次のような様子であったと思われる。

死に時を見定めた正成始め一門郎党らは、湊川の北にある廣厳寺の無為庵に走り入った。廣厳寺の周りは既に足利軍によって取り囲まれ、正成らが自刃する為の暇

大楠公殉節地（兵庫県神戸市中央区多聞通、湊川神社内）

を与えるべく、無為庵に乱入せず、待機していた。正成らが腹を切る為に無為庵の六間の客殿にて二列に並んで列座し、念仏を十度程揃って唱え、一族十六人とこれに従っていた将兵五十人、一同同時に腹を切った。その際、菊池七郎武吉が兄・菊池武澄の使いで須磨での合戦の様子を見に来ていたところが、偶然、正成らの自刃の場に遭遇し、彼らを見捨てて自分だけがおめおめ逃げ帰るなど有り得ないと思い、楠木一門と共に自刃した。一門の者が火を放ったのか、菊池武吉が火を放ったのかは不明だが、一門の最期を見届けた者が無為庵に火を放ったようだ。明極禅師は放たれた火が延焼せぬうちに急ぎ正成の遺骸を取り出した。当時の廣厳寺の寺域はとても広大で七堂伽藍が完備された美しい寺院であったが、戦火によって七堂全て焼失してしまった。

正成と一族郎党の自刃と同時に、廣厳寺を取り囲んでいた足利軍は機に乗じて廣厳寺内に乱入し、禅師が正成の遺骸を取り出したのを発見し、首級を得て、魚《うお》の御《み》堂《どう》に本陣を置く尊氏によって首実検が行われた。

廣厳寺第二世鐵堂楚心和尚が、廣厳寺開山・明極禅師の行状を記録した『明極行状録』は、正成の最期の様子を知る貴重な史料である。しかし、この貴重な史料が近年の歴史学者によって否定、封印された。廣厳寺境内に正成の墓が祀られており、正成との深い因縁があることが明らかであるにもかかわらずである。このようにして、先人が大切に継承してきた口伝・伝承やその記録が、近年の歴史学者によって悉く否定、弾圧され、封印されていったのは、我が国の国柄や各家の祖神を重んじる伝統を否定、消失させたという点に於いて、深く猛省せねばならないことである。

第五章

楠公精神こそ、今後の日本再生の要だ

一　敵も味方も楠木正成を大絶賛

尊氏も正成のことを知己の一人として認め、その知略と武勇をも畏れていた。湊川で正成が戦死した際には、正成の首級は約二日間兵庫の陣に掲げられ、首実検後、尊氏は「正成の妻子は今一度正成の容貌をみたいであろう」と正成の遺族を思いやり、使者をたてて丁重に楠木館へ正成の首級を届けさせている。

『保暦間記』では「知仁勇かつすなはりし正成を、むなしくさせ給ふとて、おしまぬものもなく、又そしり奉らぬかたもなかりけり」と正成の戦死を惜しみ、『太平記』でも、「智仁勇の三徳を兼ねて、死を善道に守り、功を天朝に施すことは、古へより今に至るまで正成程の者は未だあらず」と正成の戦死を伝えている。更に、足利方から書かれた『梅松論』では、「誠に賢才武略の勇士とはこの様な者を申すべきと敵も味方も惜しまぬ人ぞなかりける」と正成を最大限の賛辞を以て称賛していることは特に着目すべき点である。敵味方の別なく、これ程敬慕された武将は、後にも先にもいないであろう。

二　後醍醐天皇の遺言の真意

後醍醐天皇は正成の自刃から間もない延元四年（一三三九）八月十六日、吉野御所で崩御された。その折の天皇の様子は最期まで凄まじいものがあった。左手に法華経を、右手には剣を持ち、「玉骨はたとえ南山の苔に埋もるとも、魂魄は常に北闕《ほっけつ》の天を望まんと思ふ。」との言葉を残し、座したまま崩御されたという。凄まじいとは、野心や野望などでは当然無い。後醍醐天皇にあったのは、ただひたすら民の安寧を思われる心の凄まじさである。当時、京都にあった北朝側には三種の神器が無く、天神地祇《ちぎ》との誓約の神事である三種の神器承継の儀を行わずとも、皇族が「天皇」とみなされ

吉野朝宮趾（奈良県吉野町吉野山）

ていたが、天神地祇と天皇との誓約が無ければ、天皇は神徳を天下に施すことができず、結果として、国家と民を安穏に導くことができないのだ。日本は古来、地震や台風、水害などの災害が多い国であった。また、大陸に近い為、疫病の流入することも多々あった。これらの自然災害はもはや人智を超えたものであり、如何なる権力や権威、武力や財産を以てしても、これを制御すること、収束させることは不可能であった。できることはひたすら天神地祇に祈ることである。古来、日本民族は自然をこそ神として畏れ崇めた。神に最も確実に祈りを届けることができる存在こそが天皇というご存在である。神に確実に祈願を届ける為には、三種の神器承継という神事を行わねば、その神威・神徳と一体化することができないのである。つまり、当時、三種の神器の承継神事を行っていない皇族を天皇とみなしている状況では、国と民を守ることができない訳だ。そのことを何よりも嘆かれたのが後醍醐天皇であられた。だからこそ、絶えず北闕を望みつつ、日々、神事を捧げられ、国の安泰を祈り続けたのだった。後醍醐天皇の崩御の際の凄まじい描写も国と民を深く思われていたからこその有様なのである。

三　楠木父子を深く敬慕した足利父子

尊氏は、三種の神器承継の神事の重要性について全くの無関心であったか、又は知っていながら、敢えて無関心を装ったのであろう。三種の神器の重要性を知っていれば、然るべき神事を経ねば天皇は天皇たり得ないことくらいは当然認識しているはずであり、三種の神器を無視しての天皇擁立などという大それたことをやってのけるということは到底、できようはずもない。

そんな尊氏であるから、後醍醐天皇の崩御の様を聴き、大きな勘違いをして震え上がった。神事などどうでもよく、人というものは、物欲、出世欲、名誉欲でのみ構成されているくらいに思っていたであろう尊氏にとって、後醍醐天皇の国家と民を安寧に司らんとする強い思いもまた、天皇の野心、野望としてしか捉えることができていなかったのかもしれない。その為、尊氏は、野心を打ち砕かれた天皇は無念と憎悪の思いで崩御されたとしか認識できなかったのであろう。崩御の際には両手に法華経と剣を持ち「身が朽ち果てても尚北闕を望み続ける」と言い残し座したまま崩御されたと聞いた日には、尊氏の恐れおののきぶりは如何ばかりであったかは察するに余りある。つまり、尊氏の後醍醐天皇に対する崇敬の念とは、厳密にいえば、崇敬というよりは無念と憎悪で崩御された天皇の祟りや怨念を封じるという思いの方が強かった訳である。

躁鬱の激しい尊氏を精神面で支えたのが夢窓疎石《むそうそせき》であった。後醍醐天皇の供養をするよう進言したのも夢窓疎石であり、天皇の供養を尊氏に行わせることで、恐怖におののき気鬱《きうつ》に沈む尊氏の精神を安寧に保とうとした。「恐れ」とは「畏れ」と同義であるから、尊氏が後醍醐天皇を敬仰していたことは言うまでもない。

湊川の戦いの後、尊氏が正成の首級を丁重に河内の楠木館に届けさせたことは先にも述べた通りである。敵の大将の首級をその遺族に引き渡すなど、当時の武門の習わしではあり得ない待遇であり、この事実を以てしても、尊氏が正成のことをどれ程、敬慕していたかが窺われる。

足利の楠木に対する敬慕の念は尊氏のみに留まらず、尊氏の子で室町幕府二代将軍となった足利義詮《よしあきら》へ引き継がれた。義詮は正成の嫡男・楠木正行を深く敬慕した。

楠木正行は大楠公という尊称で呼ばれる楠木正成に対して、その子ということで小楠公との尊称で呼ばれる。

四　恩讐を超え、敵と味方は共に眠る〜嵯峨野・宝筺院〜

正平三年（一三四八）一月五日の四条畷《なわて》の戦いで、楠木正行は高師直《こうのもろなお》率いる幕府軍と戦い、自刃し、その首級は、彼が帰依していた黙庵によって、嵯峨野・宝《ほう》筺院《きょういん》に葬られた。宝筺院は当初、善入寺と称し、白河天皇の勅願寺であった。一旦、廃れたのを、貞和年間（一三四五〜一三五〇）に夢窓疎石の高弟・黙庵が再興した。黙庵は現・宝筺院の一角に五輪塔を建立し、正行の首級を葬った。

驚くべきはこの後である。実は、義詮もまた黙庵に帰依していた。義詮は黙庵が小楠公を葬ったことを知ると「自分は正行を生前からずっと敬慕していた。自分の死後は尊敬してやまぬ正行の隣で眠りたいので、正行の墓の隣に自分を葬ってほしい」と遺言した。そして、貞治六年（一三六七）に義詮が没すると、その遺言通り、義詮は正行の墓の隣に葬られたのだった。死して尚、正行の傍で眠りたいとは、義詮はどれ程、正行を敬慕していたのか、察するに余りある。恐らくは、父・尊氏から正行の父・正成の偉大さを聴かされていたのだろう。父子二代に亘って武勇と知略と人徳に秀で、最期まで忠節を貫いたその生き様、死に様は、敵同士でありながらも義詮の心を深く打ったのだった。

現在も、宝筺院には楠木・足利という敵同士、隣り合って眠っている。

五　室町時代、既に楠木一族は一目置かれていた

楠木正行は摂津野瀬庄の野間城主・内藤満幸の息女を妻として迎えている。正行の婚約者として広く知られているのは公卿・日野後基の息女・弁内侍の方であるが、正行は弁内侍以外にもう一人、妻を娶っていた。近代以降、欧化された一夫一妻制が染みついた現代の日本人の大概の人々からは「けしからん」とお叱りを受けてし

宝筐院境内に並んで眠る楠木正行と足利義詮
（京都府京都市右京区嵯峨釈迦堂門前南中院町）

まいそうであるが、当時は妻を複数持つのは珍しくなかった。尤も、弁内侍は婚約者の立場のままに正行が亡くなってしまい、楠木家に嫁にいっていないので、弁内侍の立場はあくまでも正行の婚約者である。

それはさておき、正行が自刃した際、内藤氏の娘は正行の子を身籠っていた。

本来ならば、正行の遺児が楠木家の跡目を継ぐはずであったのだが、正行の遺児は未だ母胎にあるうちに、母諸共、正行の弟・正儀《まさのり》によって追放されてしまう。

正行の死後、内藤満幸が楠木氏から離反する動きを見せたことによるとされるが、それは口実であり、実際には楠木家の跡目を巡る家中の御家騒動であったようだ。

追放され実家の内藤家に戻った正行の妻は、身重のまま、同じく摂津池田城主・池田教依《のりより》の妻として迎えられた。池田家は彼女が身籠っていることを承知の上で娶ったのだったが、これは摂津池田氏がその後大いに飛躍する契機となった見事な政略結婚であった。池田家で出生した正行の遺児は池田教正《のりまさ》と名乗り、その後の摂津池田氏を率いていくことになる。その際、摂津池田家は、教正こそが楠木正成の直系であると宣明したために池田家は当時の武門から一目置かれる存在となってい き、戦国期にかけて摂津を中心とした一大武家勢力へと成長していった。

ここで注目すべきは、池田家が正成の直系孫であることを隠蔽《いんぺい》する気がさらさら無いという点である。さらさら無いどころか、正成の末裔孫であることを御家繁栄の糧にすらしているのだ。当時の池田家の動向をみれば、室町期に楠木氏の血縁者が弾圧されたという説は明確に否定せざるを得ない。それどころか、楠木氏の血縁であることが一つの大きなブランドとなっていた。

更に、興味深いのは今川了俊《りょうしゅん》が『難太平記』を著した、その動機である。了俊とは、室町幕府に仕えた武将であり、『難太平記』は今川氏と足利氏の歴史について自身の子孫に向けて著したものである。北朝側の書であるのに南朝寄りで書かれた書物「太平記」の文字があてがわれている理由がかなり面白い。実は『難太平記』の前半部分の内容は、『太平記』が今川家に書いていないことへの愚痴で構成されている。『太平記』が今川家に触れていないのは今川家を軽んじている、という愚痴である。『難太平記』は「『太平記』を批難した書物」という意味で名付けられた。室町期、北朝側の武将にとっても、『太平記』に自身の家名が登場するのは名誉なことであったことが、了俊の『難太平記』の愚痴から明らかに見て取れるのだ。ましてや、『太平記』の前半部のほぼ主役級として神憑《がか》り的に描かれている人物こそが楠木正成である。室町期の北朝の人々がどれ程楠木氏を崇めていたか、皮肉にも『太平記』を批難しまくっている『難太平記』が証明してくれているのである。

南朝を敵としていた北朝側の武将ですら崇めていた楠公である。実は、楠公崇敬は近代の水戸学から突然勃興したものではなく、南北朝の動乱当時、既に楠公崇敬の気運は根差していたのだ。

六　皇統の合一を強く願った楠木正儀

楠木正行の死後、楠木家の棟梁となったのは正行の弟・正儀であった。正儀は先述の通り、正行の遺児をその母諸共に追放した為である。その為、正行の直系子孫は摂津の池田家にて継がれていくことになる。よって、楠木家の嫡流は三男・正儀の血脈によって受け継がれた。もちろん正行の弟・正時や従弟・和田賢秀《けんしゅう》の血縁に繋がる子孫も現存しているが、楠木家の当主を受け継いだ血脈が嫡流となるので、正儀の流れを引く血脈の子孫を嫡流と定義する。正儀は父・正成、兄・正行、正時の遺志を継ぎ、南朝の要の武将となり、天皇の傍近くで支え続けていく。

正成は南朝の中でも現実的な思考の持ち主であったが、楠木家の棟梁を引き継いだ正儀は正成に輪をかけて現実主義者であった。ひたすら忠孝両全の為一筋に生き

伝・楠木正儀墓（大阪府南河内郡千早赤阪村千早）

た美しいまでの理想主義者であった兄の正行とは対照的な正儀の生き様である。

正儀が楠木家の棟梁となった頃から、室町幕府内部では足利兄弟間での権力闘争が激化していき、特に足利尊氏、その執事・高師直と、尊氏の弟・直義との争いはその政策の方向性の違いから更に激しくなっていった。観応《かんのう》の擾乱《じょうらん》の勃発である。侍所で恩賞の差配を担当していた師直は、その役割的に常に中央に近い立ち位置にあった。その為、各地の小領主らに寄り添った政策を採る一方で、朝廷に対しては強硬姿勢を採った。師直の朝廷に対する姿勢という点については、強硬姿勢などというものを超えていた。師直が天皇に関して「そんなに天皇というものが有難いものであるならば、木か金で天皇を作り、生きた天皇は面倒くさいので川にでも流してしまえばよい」などと放った発言は、師直の天皇を疎かにする彼の思想を如実に表している。義直による大塔宮弑逆《しいぎゃく》事件や後鳥羽上皇・後醍醐天皇を流罪に処した件に鑑みれば、師直のこの思考は、鎌倉幕府や室町幕府内の武家らに共通していたものと思われる。『古事記』『日本書紀』の内容も知らない為、日本の国の成り立ちや国の形が天皇を中心とした神国であることなど、全く理解できておらず、天皇の本来の意義を理解することができなかったのだ。天皇と将軍の違いすら、都から遠く離れた地にいる鎌倉武士の多くは理解できていなかったのが現実である。

七　観応の擾乱勃発と楠木正儀の動向

尊氏・師直と対立した直義は、師直に対抗するべく朝廷側に近づき、自身の立場の安定を図った。

賀名生皇居（奈良県五條市西吉野町賀名生）

正平六年（一三五一）二月、直義によって師直が殺されたことを受け、尊氏は早々に南朝にあっさりと帰順した。もちろん、尊氏の南朝への帰順は直義を滅ぼす為に南朝の力を利用しようという彼の政治的計略によるものであった。翌年二月、尊氏は直義を毒殺し、ここに観応の擾乱は収束した。閏二月には、後村上天皇は当時皇居であった賀名生《あのう》御所を出て京都の男山に入られた。正儀もこれに従い北畠氏と共に魁として京都に入り、父にも兄にも劣らぬ正儀の働きにより、幕府方勢力を悉く京都から追い払った。しかし、同五月には早々に男山が足利の軍勢によって落とされ、後村上天皇は京都に入ることなく、再び賀名生へ戻られた。正平九年（一三五四）、後村上天皇は人質としていた北朝の三院と共に賀名生御所を出て、より交通の便の良い金剛寺へと移られた。正平十四年には幕府の軍勢に追われ、金剛寺から観心寺へと移られた。

正平二十三年、摂津住吉行宮にて後村上天皇は崩御され、長慶天皇が即位された。北朝に対して強硬姿勢をとる長慶天皇と、現実主義者で南北朝の和平、朝廷の合一を何より最優先と考える正儀とは目指す方向性の相違により、不仲となっていった。

その結果、正儀は北朝側へ帰順するに至ったのであった。但し、正儀の北嚮《ほっきょう》は自身の保身という私利私欲によるものではなかった。正儀は誰よりも皇統の合一を強く望んだ人物であった。枢軸は一つでなくてはならず、万世一系という我が国の国體を遵守する為には南朝と北朝とに皇統が分裂しているままということはあってはならず、一日も早く、両統を一つの皇統に戻さねばならない。それを成し遂げることこそが、国體の中興であり、後醍醐天皇、そして自身の父・正成の何よりの願いであり、その恩に報いることであると確信していたのだ。正儀はその志を成し遂げるべく、自ら北朝に降り、北朝内部から和平の気運を盛り上げていこうと画策する。

正儀のこの思いを北朝側で最も理解したのが、意外にも、バサラ大名といわれた佐々木道誉である。道誉の仲介で正儀は北朝へ帰順し、道誉を後ろ盾として南北朝合一の機を探った。ところが、間もなく、道誉が死去し、正儀は北朝内での和平工作のパイプ役を無くしてしまう。

八　楠木正儀の北嚮の真意

弘和二年（一三八二）、南朝に於いても和平派が大勢を成し始めたので、正儀は再び南朝に帰順した。間もなく、強硬派の長慶天皇は譲位され、後亀山天皇が即位された。その十年後の元中九年（一三九二）、南朝は後亀山天皇、北朝は後小松天皇の御代、大覚寺にて南北朝の和議交渉が整った。戦後の歴史観上では一般的に、

楠木正勝墓（奈良県吉野郡十津川村武蔵）

北朝側の元号・明徳をとって、「明徳の和約」と称される。和議の条件は、南朝側が奉持していた三種の神器を一旦、北朝側に譲り、次代に再び、三種の神器を南朝側に譲るというものであったが、この条件は一方的に幕府によって破られ、北朝側に渡った三種の神器が南朝へ戻されることはなかった。このことがこの後も続く後南朝と北朝との長い抗争の元凶となった。この争いは応仁の乱へと繫がっていき、豊臣秀吉によって天下統一されるまで動乱の世が続いていくこととなる。

南北朝の合一は実現できなかったとはいえ、正儀の目指したところは国體の中興である。それ程正儀は国體の本義をしっかりと理解していた、当時としては数少ない武将の一人であった。さすがは正成の子である。正儀が北嚮したことを以て、正儀を変節漢かのように批判する向きが多いが、それは正儀の国體を追求する深い真意を理解していない安直な考えである。また、正儀は楠木家の中では最も官職的に出世している。最終的には、正三位相当の参議にまで昇りつめた。三位以上は殿上人となり、当時の武家としても高位の階位である。南北朝の合一は叶わなかったものの、ここまで武家として昇りつめることができたことは、遠祖・橘諸兄も大いに喜んでいることであろう。

正儀の死後、その嫡男・正勝が楠木家の棟梁となり、後南朝の要の武将として活躍する。正勝が当主となって間もなく、千早城が幕府に攻められ落城し、正勝は弟の正元と共に千早城を脱出し、十津川郷士を頼り十津川へと落ち延びる。十津川は古来、尊皇の気運の厚い地である。大塔宮が下赤阪城から落ち延びられた時も、十津川郷士らが大塔宮を助けた経緯がある。正勝は十津川に潜伏し、再起の時を窺った。しかし、その志半ばにして、病にかかり病床に臥せってしまう。十津川の湯泉で湯治をしつつ、療養をしたが、薬効無く、河内に戻ることは叶わず、十津川で死去した。正勝の死後、楠木氏は伊勢の北畠氏と連携し、十津川から北畠氏の地盤である北伊勢へと移る。

九　織田信長も豊臣秀吉も、楠木正成を敬仰していた

伊勢へと移った楠木氏の末裔が伊勢楠氏流であり、家督を継いだ正儀の血脈であるので楠木氏嫡流である。伊勢楠氏が居城としたのは楠城（三重県四日市市楠町）と、治田城《はったじょう》（三重県いなべ市北勢町奥村）である。楠氏直系とはいえ池田氏として引き継がれた楠氏血脈よりも、楠氏の棟梁としてその家督を継いだ伊勢楠氏の血脈末孫の方が楠氏末裔として認知されていた。また、千子村正《せんごむらまさ》の門弟であった伊勢楠氏第二代当主・楠木正重は北伊勢の多度大社（三重県桑名市多度町）に短刀を奉納しており、伊勢楠氏が本拠地から程近い多度山権現（現在の多度大社）を崇敬していたことが判っている。

治田城趾（三重県いなべ市北勢町）

「饗庭」の地名が残る饗庭神社
（三重県いなべ市藤原町上相場）

戦国時代末期の安土時代、朝廷を厚く崇敬した織田信長は楠木氏に対して一目置いていたようである。信長による伊勢長島攻めの戦いの折、奇しくも、同じく伊勢楠氏の末裔の家系が信長方、反信長方に分かれ戦った。

反信長方の一人が楠木正具《まさとも》である。彼は、伊勢長島攻めの際には、治田城に立て籠り、正成の千早城攻防戦さながらの激しい攻防戦を展開し、信長をしても治田城を落城させることができなかった。なんと強い武将もいたものかと攻めあぐねている信長に対して、同じくこの戦いに信長に付き従って参陣していた羽柴秀吉（後の豊臣秀吉）が「流石は正具。正成の後胤ありて、有難き勇士なるかな。誠に当代には稀なる武士というべく、実に忠臣は国の危うきに顕るるというが如く」と正具を賞賛した。目の前で攻めあぐねている相手が正成の末裔だと聴き、信長も大いに納得し、「流石はかの大楠公の末裔である」と舌を巻いたという。

一方で、信長方であったのが楠木正虎である。正虎は書の大家で、松永久秀、織田信長、豊臣秀吉と歴代の天下人や名だたる武将のもとで右筆《ゆうひつ》を務めた。当時の楠木正虎の姓は『湊川神社史』によると「饗庭《あいば》」としている。最近では、正虎の旧姓について「大饗《おおあえ》」であったという説が主流となっている。ネットが情報の主流となる以前、正虎の旧姓について論じた書物は、正虎の旧姓を「饗庭」としていたことを記憶しているが、ネット情報の普及の為か、「饗庭正虎」の名は『湊川神社史』以外、全く見られなくなった。正虎の旧姓を「大饗」とするのは、楠木正成の三男・正儀の子である楠木正秀の子孫が河内国の大饗村に居を構えたことに論拠を置いた説である。

伊勢楠氏が拠点の一つとした治田城の程近くに「饗庭」（三重県いなべ市藤原町）という地域がある。古来、伊勢神宮の神饌として奉る米を司ってきた地だ。伊勢神道を重んじた北畠氏のもとで北伊勢に地盤を築いた楠木氏らしい本拠地といえる。正虎の出身地は伊勢国の饗庭の可能性も高い。正虎は松永久秀の取り成しにより、永禄二年（一五五九）に時の帝・正親町《おおぎまち》天皇に朝敵の赦免を嘆願した結果、晴れて楠木氏の名誉回復の勅免を受け、姓を楠木へと復姓したという実績を有している。正虎の子で、後に楠木流兵法・南木《なぎ》流の祖である楠木正辰《まさたつ》へと繋がっていく。

正成の弟・正季の末裔は河内国錦部郡甲斐《かい》庄《のしょう》を領有していたことから同じく地

名の甲斐庄を名乗った。江戸期には徳川家の旗本として仕え、四千石の高禄を優遇されている。

豊臣秀吉が正成を深く敬慕した形跡としては、検地の際、片桐且元に命じて楠公墓所と楠公生誕地の周辺を免租地とし、楠公ゆかりの地の保存に努めたことが挙げられる。また、秀吉が京都に聚楽第を建造した際、自邸の庭に楠公生誕地に植わっていた馬酔木《あせび》の木を移植している。これらの事蹟に鑑みれば、秀吉が如何に楠公を厚く崇敬していたかお判りいただけるであろう。

十　徳川光圀による大楠公墓碑建碑が大きなターニングポイントに

正成の殉節後、その知略と武勇は『太平記』や『梅松論』などにより多くの武家の間で称賛されたのみならず、正成の知略に富んだ戦法もまた「楠木流兵法」として武家の厚い支持を受け、正成の死後、ずっと崇敬され続けてきた。とはいえ、織豊期を除き室町時代・江戸時代という幕府による政権が続く中、幕府に盾ついた正成という存在は幕府が武断政治を執る中にあって、非常に都合が悪かった。その為、室町期から江戸期初頭に至るまで、余り正成の事蹟がクローズアップされることはなかった。その為、嘗ては敵も味方も尊敬してやまなかった聖人にして軍神・楠木正成の存在は、徐々に人々から忘れ去られていったのだった。

江戸時代に入り、初めて正成の事蹟を公的に顕彰したのは、尼崎藩主・青山幸利《よしとし》である。

幸利が藩主を務めた江戸時代初期、正成の墓を祀っていた廣厳寺はその勢いが衰え、その為に正成の墳墓の周りは草に埋もれ、特段の標示も無く「楠公埋塚《もりづか》」と里人から呼ばれていた。正成の墓が建つ地は当時は坂本村という地名であった。

ある日、幸利が藩領内を巡見中に正成の墳墓の前を通りかかり、叢《くさむら》となり荒れている状況を目の当たりにした。そして、正成の墓が自身の領内に存在していることに大いに感激し、忠道を勧奨する為に、墳墓の上に五輪塔を建て、その両脇に松と梅それぞれ一株ずつ植え、正成の墓が自身の領内にあることを世に明示した。幸利による楠公の殉忠顕彰は、元禄五年（一六九二）の徳川光圀《みつくに》の湊川建碑より三十年も先んじたことであった。また、幸利は、その死後も正成という忠臣の魂魄を自ら守護したいと強く願い、正成の墳墓に隣接する安養寺に自身の墓を造らせた。幸利のこの楠公敬慕の志は、室町幕府第二代将軍・足利義詮の宝筐院埋葬の事蹟と被るものがあり、当時の人々の心を打った。

幸利の楠公顕彰の事蹟は後世へも大きな影響を与えた。青山氏に次いで尼崎藩主となった桜井松平家の歴代当主は、代々、正成の墓前に石燈を奉献し、その事蹟を顕彰していくことへ繋がっていく。

言うまでもなく、楠公精神を哲学の域にまで高めた大きな契機としたのは、徳川光圀である。光圀は皇統を中心として国史を見直すべく『大日本史』の編纂事業を開始したが、その調査の中で、楠木正成の忠烈の心を知り、湊川の大楠公墓碑建碑に繋がっていく。光圀の楠公敬慕の志は水戸藩に代々受け継がれ、「水戸学」という一大学派を生み出した。水戸学は近世に於ける楠公敬仰の最も大きな基幹となっていき、幕末の志士に大きな影響を与えた。

吉田松陰もその一人である。

十一　吉田松陰、松下村塾で楠公精神を教え、多くの門弟を維新の志士として輩出

吉田松陰を始め、松下村塾門下生であった久坂玄瑞、高杉晋作、伊藤俊輔（後の伊藤博文）、品川弥二郎らは、松陰の教えを受けて楠公を厚く崇拝し、楠公墓碑「嗚呼忠臣楠子之墓」に何度も参詣した。彼らの師である吉田松陰自身、僅か二十九年という短い生涯の内に、四度も楠公の墓所に参詣している。松陰が初めて楠公墓碑を拝した際には、『楠公墓前の作』という漢詩を作り、感涙にむせびつつ「嗚呼　忠臣楠子の墓、吾且《しばら》く躊躇して行《さ》るに忍びず」と、暫くの間、その場を立ち去りかねた程の想いを詠じた。また、このとき松陰は楠公墓碑の拓本を購入し、松下村塾の床の間に掲げて、楠公の事蹟とその精神性を教え、門下生に「諸君も楠公たれ」と指導した。

吉田松陰は、日本が欧米の植民地にならない為、欧米列強に対抗できる日本国家を如何に固め成すかを探求した。その結果、欧米の情報を得る必要があると考え、最愛の弟子・金子重之輔《しげのすけ》と共に命を賭しての密航事件に至る。

しかし、松陰の大志は無残に破れ、最愛の金子重之輔の獄死という断腸たる悲しみの中、松陰が行き着いた悟りの境地ともいうべき最終極致「七生説」が生み出されることになる。

十二　楠木正成は永遠に生き続けていると説いた「七生説」

七生説とは、松陰の教えの中でも最も深淵なる哲学を解いたものであり、その趣旨は「理気二元論」と「楠公精神」である。楠木正成の最後の望みたる「七生滅賊」を以て（『太平記』では正成の弟・正季が発した言葉となっている）、松陰はその死生観を「七生説」として表した。正成が湊川の地で殉節し、その肉体は滅んだが、正成の精神は永遠に生き続けている。その時代時代によって、正成の至誠の精神を知った時、正成の精神が発動して人々を感奮興起させ、国體に目覚めさせ、国家の大業の為に尽忠させるのだ。つまり、楠木正成は七度生まれ来るのみならず、永遠に生き続けている。そして、吉田松陰自らも、正成のようにあるべく決意を一層強くしたのだった。

下田踏海での挫折が、松陰の中で楠公の魂を発動させる発火材となり、そこから得た松陰の教えが後に、明治維新へ導く最大の原動力となった。その意味からして、この密航事件とは、近代日本史を語る上で、非常に重要な意義を有しているのである。

吉田松陰の下田踏海の地・弁天島に建つ「七生説石碑」（静岡県下田市柿崎）

密航を決意した松陰と重之輔は下田に潜入し、艦隊に乗り込む機会を窺っていた。

しかし、当時、松陰は疥癬《かいせん》という皮膚病を発症し悩まされていた。そこで、蓮台寺温泉に良い温泉があると聞き、温泉治療の為に、松

弁天島公園に建つ吉田松陰と金子重之輔の銅像

陰と重之輔は蓮台寺温泉へと行き、周囲の人に見つからぬよう夜中に温泉に入っていた。しかし、これを近くに住まいする医師・村山行馬《ぎょうま》郎《ろう》に見つかり、二人は意を決して密航の企てを話したところ、村山は両者の大志に心を打たれ、二人を自身の家に七日間程匿い、その間、二人は決行の時を窺い続けた。

当時、日米和親条約締結直後であったペリーは下田に回航し、同地組頭黒川嘉兵衛と条約をどのように実施していくか具体的な事項の交渉を行っている真っ最中であったが、そんな中、松陰の密航事件が発生したのだ。

嘉永七年（一八五四）三月二十七日未明、松陰と重之輔は小舟で漕ぎ出し、艦隊の一隻・ミシシッピ号の舷側に着けた。しかし、ミシシッピ号には日本語の判る通訳がおらず、ミシシッピ号の艦長の指示により、二人は艦隊の旗艦・ポーハタン号へ向かい、同艦の通訳を介して、ペリー提督へアメリカに連れて行って欲しい旨を懇願した。

幕府との開国の交渉中であったペリーは、幕府との無用の軋轢《あつれき》を危惧し、松陰の願い出を拒絶し、松陰らは陸に戻された。松陰と重之輔は「いずれ自分たちの密航未遂の行いは露見するであろうから」と自らの気概を日本中の志士達に知らしめんとするべく、打ち首覚悟で下田奉行所に出頭した。松陰と重之輔は江戸小伝馬町の獄に送られた後、萩へ送られ、吉田松陰は士分の者が入る野山獄へ、金子重之輔は士分以下の者が入る劣悪な環境の岩倉獄へ収容され、子弟は離れ離れとなった。重之輔はこの獄内で、二十五歳の若さであえなく病死してしまう。重之輔の死は松陰にとって深い悲しみであったと同時に、維新の胎動となったのである。

密航未遂事件から六年後の安政七年（一八六〇）、日米修好通商条約の批准書を交換する為、遣米使節団一行を乗せたのもこのポーハタン号であった。この時、木村摂津守、勝海舟、福澤諭吉、ジョン万次郎らを乗せた咸臨丸も随行し、太平洋を横断している。ここから松陰がその死を以て遺した魂が激しく発動されていくこととなったのだ。

安政六年（一八五九）、安政の大獄によって吉田松陰は囚われ、江戸・伝馬町獄に投ぜられた。獄中で、松陰が門下生に宛てて遺書「留魂録」を著した。巻頭「身はたとひ武蔵の野辺に朽ちぬとも留《とど》め置かまし大和魂」と辞世の歌から始まり、巻末は「七たびも生きかへりつつ　夷をぞ攘《はら》はむこころ吾れ忘れめや」という辞世の歌で結んでいる。「たとえ肉体は武蔵の地で滅んだとしても、自身の魂と志はこの世に残す」という松陰の激烈なる魂の叫びである。無論、この巻末の辞世の歌は楠公の「七生滅賊」を強く意識したものである。松陰は自身もまた楠公たれ、という信念を最期まで貫いたのだ。

十月二十七日、伝馬町獄の処刑場で斬首に処された。享年三十歳であった。残された門下生らは、楠公の魂とともにその松陰の志を受け継ぐべく奮起し、松陰の死から八年後、その門下生らを始めとした全国の憂国の志士らの働きにより、遂に王政復古が成し遂げられることとなる。

十三　日本再生の要は楠公精神だ

私が楠公研究に勤しむようになった理由は、私の父方の祖が楠木正成にあたるということにある。楠木正成の三男・楠木正儀の流れである嫡流の血脈を汲む家筋である。

父は大正十三年生まれで、旧帝国海軍軍人であった。戦時は空母「翔鶴」に整備士として乗り組み、マリアナ沖海戦で翔鶴が沈没した際には奇跡的に救助された。その後は鹿児島県の指宿海軍航空基地に配属となり、特攻に出撃する多くの戦友達を帽振れで見送った。そんな父から、私は、大東亜戦争での実体験や先祖である楠木正成と建武中興、後醍醐天皇の話を聴いて育った。

常々、特攻に対して現代日本人が誤った認識をしていることに怒りを露わにしていた。「特攻で飛んでいった彼らの真実の心すら理解せず、特攻は間違いだった等と言い放つようになってしまった。だから戦後の日本は駄目になったのだ」と。

父の私への教育は戦前の教育そのままであったが、小学校・中学校と進学し、学校の歴史教育を受けるまでは、私自身の家庭教育は普通のものであると思い込んでいた。ところが、中学生の時に学校で受けた歴史の授業は、父から教えられてきたものとは全く違うものであった。

私が通った中学の歴史教師は在日韓国人の人であったが、その教師による従軍慰安婦の授業が、父から教えられた全てを破壊した。その教師が授業の都度作って配布するレジュメ資料には、従軍慰安婦の証言や写真が載っていた。「日本兵が従軍慰安婦の首を鍋で煮て食べた」「花を摘んでいる女児を日本兵が連れ去った」「何も悪いことをしていないのに日本兵に銃撃された」「太平洋戦争の日本兵だった人は戦争犯罪人だ」等々といった具合だ。このような授業が連日行われ、父の話を信じていた私は、大きな衝撃を受けた。

「日本人であることが恥ずかしくなった」と言い出す同級生もいた。楠木正成に至っては「悪党」と教えられた。

「父から嘘を教えられた」「父は犯罪人だったのか」と思った瞬間だった。以来、家庭内での父の戦前・戦中の話、先祖の話は私の中でタブーとなり、父の話は一切聴かなくなった。

数年前に歪曲された歴史からの呪縛が解け、父から海軍時代の経験談を聴きたいと思うようになった時には、時既に遅し。父は老齢の為に病気になり、当時の真実の声を身内に伝えることなく、五年前に亡くなった。今も尚、父からもっと戦争についての実体験を聴きたかったと後悔し続けている。

この後悔の念と戦後教育に対する憤怒とが、現在の私の活動の原点である。

現在、正しい日本の歴史を知り、後世に正しく伝えていくべく「一般社団法人楠公研究会」を立ち上げ、先祖楠公の事蹟顕彰のみならず、日本の正しい歴史を、真実の声を聴き伝える為の活動を行っている。特に、楠公に関しては、ゆかりの地に赴き、現地に伝わる生の声を聴き、土地に眠る地霊の声に耳を傾けつつ、楠公の実像を明らかにしていっている。

戦争を知る人は減り、大東亜戦争の真実は忘れ去られようとしている。各地の護国神社の遺族会を継承する人が減っている一因でもある。戦没者の子孫は、子であれ・孫であれ・曽孫であれ、皆、遺族であるはずだ。その認識が無くなってしまった最大の理由は、戦後教育による「大東亜戦争の全ては日本が悪である」という歪曲された自虐史観であることは言うまでもない。首相が、公的に靖国神社を参拝できず、外国の目を気にせねばならないのもおかしな話だ。

「やすくに」という言葉は、古代から日本人が唱え続けてきた「大祓詞《おおはらえのことば》」に登場する言葉で、「平和な国」を意味している。であるにもかかわらず、「やすくに」の真実の意味も知らず、「靖国神社は戦争を美化している神社だ」等と、誤解している日本人が実際に存在しているのは由々しきことである。

靖国神社は、かの自存自衛、そして東亜解放の聖戦に於いて、国家国民を守る為、東亜の国々を独立させる為に命を捧げられた英霊へ感謝を捧げ、その遺徳を偲び、慰霊の祈りを捧げる神社なのであり、戦争を美化し戦争を勧めている神社等というのは理論が破綻している。

敗戦後のGHQの占領政策「WGIP（ウォー・ギルト・インフォメーション・プログラム）」によって、日本の歴史が、意図的にねじ曲げられた。

戦後七十八年が経過し、国體が歪曲されたまま二代に亘る世代交代が為されるがままとなっている。敗戦に伴う占領支配を境に、世代間の歴史継承が分断され、間違った歴史が蔓延しきっているからだ。

歴史は、過去の真実である。そして、歴史は繰り返す。歴史学の本義とは、正しく歴史を知り、正しく後世に伝えることにより同じ過ちを繰り返さぬよう、未来に生かすことにある。

しかし、間違った歴史認識の保持は、未来に於いて、過去と同じ過ちを繰り返すという危険性を孕む。未来の為にも、このままであってはならない。

国家と民族にとって、決して途絶えさせてはいけない「哲理」がある。それこそが「国體」である。日本は天皇を中心として営まれる国家である。それは武家政権によって幕府が布かれた時代でも同様であるべきであった。

そもそも国體とは、初代・神武天皇から連綿と続いてきた一定の決められた、永遠の法則的哲理を指す。この法則的哲理を後世に繋げていくことが、我々の先人に対する報恩であり、子孫に対する責務なのである。

日本は、「和の国」であり、「倭の国」ではない。先人達は、和を保つことに尽力され、その叡智と努力の積み重ねによって日本の国體が確立された。

昨今、男系天皇・女系天皇といった皇位継承問題が取り沙汰されているが、恒久平和を目指すならば男系継承を保持するべきである。日本人の血脈を遡れば、そのほとんどが皇統に辿り着く。もし、男系継承の法則を崩してしまえば、天皇に就こうとする争いを誘発する恐れもある。つまり、永く護られてきた男系継承という法則こそが、争いのない平和を重んじた国家哲理であり、我が国の「国體」である。

失うことは簡単であり、そしてそれは一瞬で失われる。しかし、失ったものを取り戻し復活させることは非常な困難を伴い、多大な労力と膨大な年数を要する。

国體を復活し、日本を再生する前途は長く苦難の道であるだろう。しかし、我々は日本人である。日本人として生を受けた以上、この美しい国體を繋いでくれた先人の恩に報いることが当然の責務である。いや、責務という以上に、日本人であるならば、決してこの国をこのまま見放してはならない。

おわりに

令和４年４月８日に福井市内で開催された「衆議院議員 稲田朋美『強くて優しい国』出版記念講演会」にて

令和四年七月八日午前十一時半頃、安倍晋三元首相が不逞の輩に拳銃で撃たれ、午後五時過ぎ、逝去された。この訃報に接し、衷心よりお悔やみを申し上げると共に、美しい日本の國體の護持、国家の尊厳と誇りを取り戻す為に命を賭して尽くされた安倍元首相に、心より厚く深謝申し上げる。深い悲しみと共に、日本再生への求心力を失ったこの国はどこに向かうのか、強い不安感に苛まれる。しかし、日本というこの

櫻山神社（山口県下関市上新地町）

国家は、我々の子孫達の為にも、これからも永久に存続していかねばならない。今は、絶望の中にあるが、それでも前を向いて進んでいかねばならない。

安倍元首相暗殺事件から遡ること約三カ月、私は懇意にさせて頂いている衆議院議員・稲田朋美代議士のご紹介で、初めて安倍元首相と面会させていただいた。お会いした際、いつも私のブログをご覧になられていると拝見している、大楠公は大変立派な方であり尊敬していると言われた。楠公の事蹟を敬慕していらっしゃることに深い感銘を受けた。続いて、当時、私がブログ上で取材報告を行っていた山口県下関市の櫻山神社の話題に触れられた。

櫻山神社は、文久三年（一八六三）、高杉晋作の発議により殉国の志士の霊を祀る招魂場をつくる為に候補地を下関で探し、翌年下関新地の通称桜山に慶応元年（一八六五）に創建された神社である。招魂場とは国家の為に殉難した英霊を奉祀した神社のことで、櫻山神社は日本で初めて英霊慰霊祭祀の為に設立された祭祀場である。当初は攘夷戦争による奇兵隊の戦死者の霊を弔うものとしてつくられたが、その後の第二次長州征討や戊辰戦争での長州出身の戦死者も合祀され、後に、吉田松陰、高杉晋作、久坂玄瑞、山県有朋など明治維新の功労者である長州の指導者の霊も合祀された。今日では三百九十六柱の神霊が祀られている。櫻山神社の境内地は奇兵隊の調練場跡でもあり、招魂場となって以後、桜を植えたことから、桜山と呼ばれるようになったもので、下関市内の数多い維新史跡の中でも、特に重要な意味を有する聖地だ。明治二年（一八六九）には櫻山招魂社に倣い、幕末維新に殉じた志士達を慰霊する東京招魂社が東京九段に設立された。この東京招魂社は明治十二年（一八七九）、明治天皇の命名により「靖国神社」と改称された。つまり、櫻山神社は靖国神社の原型であり、全国護国神社の原型ともいえる神社である。櫻山招魂社の持つ意義は、偉大な指導者吉田松陰から奇兵隊小者弥吉といった名も無き者に至るまで等しく整然と霊標が立ち並び祀られているという尊さにある。

安倍元首相との面会の際、櫻山神社の話題に及び、櫻山神社が靖国神社の原型であること、身分や立場の差異無く等しく祀られていることについて「誠に素晴らしい神社だ」と特に意気投合したことを今でもついこの間のことのように私の脳裏に残っている。楠公の忠義の事蹟、靖国神社の淵源について深い造詣と理解のある方であったと思う。そんな安倍元首相だからこそ、本来あるべき日本の再生を成し遂げようと憲法改正にも力を注がれたのであろう。最近の政治家のうち、保守を自任する政治家は多々あれど、日本の国體を正しく理解している政治家は果たしてどれくらいいるだろうか。国體を正しく理解する為には、まず何よりも楠木正成の事蹟を正しく知る必要がある。何故ならば、正成の果たそうとしたこととは国體の中興であったからだ。

安倍晋三元首相という日本再生の大きな要を失った今、今後の日本を生きる我々が為さねばならぬこととは、国體を理解すること、そしてその中興の為に各々が尽力することであり、それこそが日本再生の大きな要となる。

思えば、安倍元首相が銃撃された日である七月八日は、旧暦にすれば五月二十一日。桜井の駅にて楠公父子が訣別した日でもある。桜井の駅での楠公父子の訣別はその後の全ての日本人の魂を揺さぶり続けた。正成は自身がこの世を去ることにより、その魂と志とを嫡子の正行に継承させたのだ。その継承の儀式こそが桜井の訣別である。そして、人々が楠公父子の激烈なまでの忠義の赤誠の心を知った時、各々の魂の中に眠る大和魂というＤＮＡが目覚め発動された。楠公顕彰の歴史とは、楠公の忠節の魂の継承の歴史だ。

安倍元首相は桜井の訣別の日にこの世を去られることにより、楠公父子による忠節の魂の継承と同じく、我々に日本再生の魂を継承させたのだと、私は確信している。

もはや、ボーっとしてはいられない。何としても、与えられた蘇った魂を以て、更に日本再生に向けて脇目も振らず、猪突猛進するのみである。

湊川神社（兵庫県神戸市中央区多聞通）

令和四年七月十二日、大楠公の新暦での命日にあたる日、湊川神社例祭、滞りなく斎行された。大楠公は延元元年五月二十五日、六八六年前のこの日、湊川の地にて、志半ばにして殉節された。神事が開始されるまでは警報が出る程の大雨であったが、神事斎了と同時に晴れ間が広がった。その現象はまるで、大祓詞にある通り、神々の御神威により、全ての禍事《まがごと》罪穢れ一切が洗い流され浄められたようであった。

奇しくも、同日同時刻に安倍晋三元首相の葬儀が執り行われた。

更に必然ともいうべき偶然が重なる。

安倍元首相の国葬は後醍醐天皇の命日で

ある九月二十七日に執り行われたのだ。

南朝及び楠公にこよなくお心を寄せてくださっていた安倍元首相はまさに「今楠公」であったと確信した。

本著を締め括るにあたり、本著の帯にお言葉をいただいた衆議院議員・稲田朋美先生、出版に際してお世話になった清水家当主・倉田美春様、株式会社八船・奥野和也様、出版記念講演会開催に際してお世話になった靖國八千代食堂・髙取宗茂様、学校法人重里学園理事長・重里國麿様、大阪府宅地建物取引協会南大阪支部支部長・東門幸一様、日頃より大変お世話になっている一般社団法人楠公研究会の役員、並びに会員の皆様、楠木正成の真実についてお教えいただいた楠氏ゆかりの地の皆様に心より厚く御礼申し上げる。

楠公精神を共に仰ぐ同志一同、後事を託されたことへの自負と、国家再生の為に心を一つにして今後も邁進していくことを誓う。

神州は不滅だ。

七生報國。

参考文献

上野無一『征西将軍宮千光寺ご陵墓の研究』（株式会社信行社　昭和四十四年）
往生院六萬寺歴史館『夕日のかなたに見た浄土〜河内往生院の考古学〜』（往生院六萬寺　平成二十二年）
小林義亮『笠置寺〜ある山寺の歴史・激動の１３００年〜』（株式会社宮帯出版社　平成二十年）
實方直行『熊野宮信雅王御顕彰趣旨』（八幡書店　平成二十八年）
千葉献山『醫王山廣嚴寺變遷誌　附記　大楠公の事』（『楠町の今昔』　昭和十一年）
永峯清成『北畠親房』（大和宇陀北畠親房公顕彰会　昭和五十八年）
宮崎有祥『南朝と伊勢国司』（南朝と伊勢國司刊行会　平成四年）
中村孝也『楠公遺芳』（大楠公六百年大祭奉賛會　昭和十年）
林彌三吉『講述　現代より観たる大楠公戦略に就いて』（金剛山葛木神社社務所　昭和十七年）

兵藤裕己校注『太平記一〜六』（岩波文庫　平成二十八年）
藤田精一『楠氏後裔楠正具精説』（湊川神社　昭和十三年）
堀田善太郎『密寶楠公遺訓書』（楠公研究會　昭和七年）
三重県神社庁『三重県神社誌』（三重県神社庁　平成五年）
森田康之助『湊川神社史　〜祭神篇〜』（湊川神社　昭和五十九年）
山岡荘八『新太平記1〜5』（講談社　昭和六十一年）
吉川英治『私本太平記一〜八』（講談社　平成二年）

建武中興と楠木正成の真実

令和５年２月23日　初版発行

著　者　山下弘枝
発行人　蟹江幹彦
発行所　株式会社　青林堂
〒150-0002　東京都渋谷区渋谷3-7-6
電話　03-5468-7769
装　幀　TSTJ inc.
印刷所　中央精版印刷株式会社

Printed in Japan

ISBN 978-4-7926-0739-5